豊かな人生コミュニケーション講座

幸福度アップ！ 4つの能力

家庭教育カウンセラー
阿部美樹

光言社

はじめに

最近、「無縁社会」という言葉を聞きます。人間関係が希薄になり、孤独な人が多くなってきた表れです。本来は、家族の心の絆《きずな》、氏族との心の絆、地域社会との密接なつながりがあってこそ、幸福な人生を過ごすことができるのではないでしょうか。

しかし、誰もがそのことは知っています。知っていたとしても、人間関係の難しさに葛藤したり、傷ついたり、ストレスになっている人が多いものです。それを乗り越えて「愛の関係性」がつくれたらよいのですが、現状は消極的に避けてしまったり、開き直ったりしてしまうのではないでしょうか。

それは、人間関係の法則や秘訣《ひけつ》を知らず、自分なりの人生を歩もうとするからとも言えます。春夏秋冬という季節の流れは、いつになっても変わりません。私は「秋」が好きだからといって、秋の次にもう一度秋が来てほしいと願っても当然「冬」が来るのです。自然界が一つの原理原則に基づいて運行されるように、私たち人間も原理原則に基づいた生き方が必要です。人間関係の法則、原理原則を知ったら、心が整理され軽くなり、心が嬉《うれ》しくすっきりとなり、生きる力、愛する力が湧いてくるのではないでしょうか。

私も学生時代から人間関係で悩んできました。「どうしたらいいのだろうか?」という疑問から、心を納得させるために考えた内容、学んだ内容をまとめてみました。皆様の幸せな人間関係づくり、人生づくりの一助にしていただければ幸いです。

二〇一一年二月三日

阿部美樹

幸福度アップ！　4つの能力　目次

第一の能力

受け入れる（インプット）

1 自分を受け入れる「自尊感情」

●「自己イメージ」が人生を左右する

コミュニケーション能力の一つに、「受け入れる能力」があります。受け入れるということは、基本的に相手の思いや感情・願いを受け入れることであり、周りの環境なども受け入れることです。受け入れ上手な人は、人間関係が良好になりやすいものですが、受け入れることは案外難しいものです。では、受け入れ上手になるためにはどうしたらいいでしょうか。

それはまず、「私自身を受け入れる」ことです。人間関係がうまくいかず人生の悩みが多い人は、「自分のことが嫌いだ、自分が嫌だ」と自分自身を受け入れていない場合が多いものです。自分自身を受け入れていないと、人間関係をはじめ人生のすべてが悪循環に陥ってしまいます。

このように、自分に対してどのように思っているのかが問題となります。「自己イメージ」という自分に対する印象、自己評価が、コミュニケーションだけでなく人生全般にわたって大きな影響を与えることになるのです。

私の人生の中心人物、主人公が誰かといえば、当然それは「私自身」です。人生の最高責任者も私自身であり、人生の最高責任者である自分自身に対する信頼感というものが大切になります。同じ努力をしていても、私自身に対する信頼感のある人とない人では結果が大きく違ってきます。自分を不信しているようでは、人生がうまくいくはずがありません。

このように、自分に対しての信頼感がなく、自分は劣っているとイメージしている人は、他人とのコミュニケーションにも支障をきたします。自分を立派に見せようとするあまり、優越感を求め過ぎて、豊かなコミュニケーションを持つ余裕がなくなってしまうのです。自分のミスの原因を複雑に解釈し、必死に優位を保とうとして、余計に悩んでしまったりします。ひどい場合は、ノイローゼになることもあります。そのような状態では、頑張れば頑張るほど悩みが大きくなってしまいます。

●「等身大の自分」を受け入れる

本来、自己イメージとは、「私以上でもなく、私以下でもない」という「等身大」でいいのです。自然体になることによって、本来備わっている能力を発揮することができます。ですから、「私は『劣って』いるわけでもなく、とりわけ『優れて』いるわけでもない、私はただ『私らしい私』である」ということが基本の認識となります。比較によって自分の価値が決定されるのではありません。しかし、多くの人は他人の目を気にするあまり、「他人」の目を基準にして自分を判断してしまいます。

では、なぜ自分に葛藤する人が多いのでしょうか。それは、人間には、本心と邪心という、相反する二つの心があり、互いに引っ張り合っているからです。矛盾した言葉を話す人、矛盾した行動をする人は信用されません。同じように、矛盾した自分自身は信じられないということです。キリスト教では、人間が堕落したのでそのような悪なる邪心が入り込んだと説明してきました。

悪いことをすると「良心の呵責《かしゃく》」というものを感じ、善なる方向に戻ろうとする心の働きが生じます。一方、良いことをしたときに、「邪心の呵責」が生じるでしょうか？　生じません。人間は本来、善なるものを求めるようになっており、「本心」の願う姿こそ本来の姿なのです。

ですから、本心の願う本来の自分を信じて、偽りの自分を分立することが大切です。邪心に動かされる私は、本来の私ではありません。偽りの生き方をしているもう一人の私です。人生の最大の敵は、外にいるのではなく、偽りの生き方をしているもう一人の私なのです。

●「神様の子供」という「自尊感情」

聖書のコリント人への第一の手紙第三章十六節には次のように記されています。「あなたがたは神の宮であって、神の御霊《みたま》が自分のうちに宿っていることを知らないのか」。

人間は「神の宮」、まさに神様が住まわれる「聖殿」だということです。宇宙を創造された神様と人間の根本的関係は「親子関係」です。言葉を換えれば、「人間は神様の子供」です。悪魔やサタンの子供ではありません。私の心から否定的な概念を消して、「私は神様の息子だ！神様の娘だ！」という確信を深めることが大切です。このように人間は、「神的価値」を持った尊い存在です。そのような自分自身を尊重する「自尊感情」が大切なのです。

尊敬する人と友好的な関係をつくるのは容易なことです。自分に対する尊敬の念、自分を価値視する心があれば、おのずと自分を重んじる姿勢となります。しかし、「価値がある」などというと、何か特別な能力や魅力がある場合と考えがちです。自分は何も取りえがないから価値がないと嘆く人もいます。「価値」は、他と比較して決定するものでしょうか。例えば、ここに三人兄弟がいたとします。長男は勉強ができ、次男はスポーツ万能、三男は芸術的センスがあるとしましょう。どの人が一番価値があるといえるのでしょうか。親から見れば、どの子供もかけがえのない価値を持った存在です。親には、三人とも一番だと思う気持ちがあります。

まさに、各自の個性は絶対的なものであり、他とは比較できないものなのです。ですから、何かできるから価値があるのではなく、存在するすべての人に価値があるといえるのです。「何もできなくても、何をしたとしても、私はそこに存在していてよい」というあるがままの自分を受け入れる感情、これが自尊感情なのです。

●「自尊感情」が自己評価を決定する

この自尊感情は、自分に対する評価に大きな影響を与えます。自尊感情が乏しい人は自己評価が低くなり、自尊感情が豊かな人は自己評価が高くなります。自己評価が低い人は、何をやっても不安であり、恐れがあり、緊張しています。ですから、自分の居場所が見つけにくく、孤独感を感じやすくなります。一方、自己評価が高い人は、「私は能力がある」「乗り越えられる」「やればできる」といった感情を持ち、肯定的な発想をします。このように、自己評価の違いは、その背後にある「自尊感情」の有無から生じるのです。
「自尊感情」は、環境の変化にあまり影響を受けません。自尊感情は、その場の状況や評価という外部からの要因によって決定されるのではなく、「自己という存在への確信」として、自分自身を内側から支えているものです。

こうした自尊感情は、他者に対する感情にも影響を与えます。自尊感情が強い人は、自分を受け入れることができるだけではなく、他者もあるがままに受け入れることができます。自分と違う考えであっても受け入れるのです。しかし、自尊感情が弱い人は、他者をあるがままに受け入れることができません。自分自身を受け入れられないのですから、他者を受け入れる余裕などありません。

そして、自尊感情の欠如は、人間を尊重する姿勢を失わせ、軽視する傾向をもたらします。ときに自尊感情の欠如は、「自殺」や「殺人」の原因にもなります。

●「自己受容」は人間関係をも改善する

自尊感情は、「自己受容」ともいいます。文字どおり、「自己を受け入れる」という意味です。自分の意見と合わない人や好みの違う人を避けていたら、豊かな人間関係を築くことはできません。ずっと嫌いな人といなければならないと考えただけでも気分が悪くなります。同じように、自分の長所だけを受け入れ、短所を嫌っていたら、自分に対する葛藤はなくなりません。まずは、自分自身の良い所も悪い所も、ありのままに受け入れることが大切です。あるがままに受け入れるところから、自分の成長や良き変化がなされます。長所を伸ばしていこうとする意欲が高まり、短所を改善しようとする謙虚さや素直さが備わっていくことでしょう。

まとめ

- 「等身大の自分」を受け入れましょう。
- 邪心に振り回されず、「本心が願う本来の自分」を信じましょう。
- 私は「神様の子供だ」という誇りを持ちましょう。
- 人と比較せず、自分の個性を磨きましょう。

実践しましょう

自分自身の長所をなるべくたくさん書き出してみましょう。

2 受け入れる能力「感謝力」

●感謝の心で「受け入れ上手」になる

相手を受け入れること、環境を受け入れること、さらには人生を受け入れることなど、「受け入れ上手」になることは豊かな人間関係、有意義な人生を歩むにおいて大切な姿勢です。そのような能力を一言で言えば、すべてのことを感謝の心で受け入れる「感謝力」ということです。相手を批判したり、環境に不満を持ったり、己の人生を恨んでいては心地良い人生とはなりません。私たちは無意識のうちに、良いことが起これば自分の努力と考え、悪いことが起こると人のせいにしがちです。そのようにとらえてしまうと、願わない状況に置かれたとき、怒りの思いや不平不満の思いに主管されてしまうものです。心のチャンネルを変えることで、人生が大きく変化し、楽になります。それは、すべてに感謝することです。

「人間万事塞翁《さいおう》が馬」という故事があります。福と思われる出来事が災いを呼び、災いと思われる出来事が福を呼ぶこともあるということです。つまり、人間にとって何が幸いで何が災いなのか、表面的な現象だけでは分からない、という意味です。例えば、病気を通じて「健康のありがたさ」に気づいたり、災難を通じて「家族の絆《きずな》の大切さ」を実感したり、金銭的トラブルで「仕事をする姿勢」が正されたり、苦労の歩みを通じて「幅広い人格」が築かれたりするものです。そのように考えると、その時は不幸だ、災難だと思うような出来事も、次の大きな幸せのためのステップになっているものです。

このように、人生のすべての困った現象は、私たち人間が、魂を成長させて幸せな人間になるためのプレゼントだといえます。ですから、困ったことが起きたとしても、「解決できないことはない」という気持ちをしっかり持って現実に立ち向かうことが大切です。否定的な気持ちで抵抗していると、問題はますます悪化してしまいますから、それらを嫌がらずに、ありのままを受け入れることです。何事も前へ進もうとするならば、障害や困難、試練とぶつかります。しかしこれは、より成長、発展させるための踏み台であり、現在の実力が試されているととらえるべきでしょう。

●感謝した人生は美しい

かつて、京都に大石順教《おおいしじゅんきょう》先生という腕のない尼僧がいました。十七歳の時、ある凄惨な大量殺人事件に巻き込まれ、養父に自分の両腕を切り落とされるという耐え難い体験をされました。しかし、順教先生はそういう境遇を嘆くことなく、口で筆を執って書を書くなど自立の道を歩み、結婚、出産、さらに出家という道をたどられました。その無私の生き方は、日本のヘレン・ケラーとして、他界されて三十年になる現在も、光彩を放ち、人々に夢と希望を与え続けています。

大阪の四天王寺には順教先生の腕を切り落とした養父の墓があります。この墓は順教先生が建てられたものです。本来あってしかるべき養父への憎しみや恨みを持つことなく、「そういう嫌な役回りを果たす人がいたからこそ、今の幸せがある」と語られていたそうです。先生はよく「禍福一如《かふくいちにょ》」という話をされました。禍と福は一つという意味です。「両手がないことがマイナスなのではない。心の持ち方で一つの出来事が幸せになったり、不幸になったりする」とおっしゃいました。

また自分と同じように手のない人を弟子にして画家として育てましたが、その人に「人のできない生き方をしなさい。人の描けない絵を描きなさい」「絵は床の間に掛けていただくもの。

口が使えないなら足で描いてもよいが、口が使えるなら口で描きなさい」と指導されました。食事から掃除、洗濯まで日常生活のほとんどを自分でこなされる先生の一挙手一投足に、多くのことを教えられたそうです。さらに先生は生前よく、「また生まれ変われるなら、手のない状態で生まれたい」と語られていたそうです。

その言葉を聞いて驚きました。生まれ変わるのであれば「五体満足」に生まれたいと思うでしょう。しかし、再び手のない状態で生まれたいと言い切れるのは、手のないことで多くの恩恵を受けた実感があるからでしょう。このように、自分の人生に感謝しきっている人は輝いています。多くの人々に感動と希望を与えるのです。

●私たちは「生かされた存在」

では、この「感謝の源泉」は何でしょうか。私たちの人生の出発である「誕生」について考えてみましょう。私たちは生まれたくて生まれてきたのでしょうか。現実は、自分から希望して生まれたのではなく、気づいたら生まれていたと言えます。誕生したことを「生まれた」といいますが、この「生まれた」という言葉は、文法でいうと受動態です。自分のことを「生みました」という人はいません。生まれたというのは受動態で、自分の自由意思で自分を生んだのではありません。命には「無条件で与えられた贈り物」という側面があります。自分というものは、自分の自由と選択から始まっているのではないということが、極めて大切なことです。一言で言えば、「生かされている」立場です。生かされた命であれば、生かしてくれた存在を知らなければなりません。そこに動機があるからです。生かしてくれた「親」、さらに言えば、私を創造した神様の存在とその創造の動機が重要になります。

聖書では次のように表現されています。「主を恐れることは知恵のもとである、聖なる者を知ることは、悟りである」（「旧約聖書」箴言第９章10節）。「聖なる者」、まさに神様を知ることは自分自身を知るきっかけとなり、人生を深めることになります。

さらに社会で活躍する一流のリーダーは、人間の力を超えた何か神様のような世界を感じ取って生きている人が多いように感じます。例えば、稲盛和夫京セラ名誉会長は、次のように語られました。「サムシング・グレートとか全知全能の神という概念を置き、それは『ある』としなければ、宇宙そのものの説明さえできないのです」「創造主は最初の意志を与えてくれた。最初の意志とは『すべてのものを幸せな方向に進化・発展させる』という意志です」

また、松下グループ創始者の松下幸之助氏は、次のように表現しています。「企業の目的はその活動を通して社会を良くし、社会の役に立つことである」。このように、お客様の役に立った結果が利益なのであり、これが逆になると、利益のために手段を選ばない経営になって、やがてそのような会社は衰退します。自分だけが生き残ろうと思ってやることは、やがて自らを滅ぼすということを教えています。

松下幸之助氏は晩年、生活の拠点を京都の真々庵《しんしんあん》に移しましたが、その庭園に造った神社に自筆の「根源」という木札を納め、毎朝祈りを捧げていました。その祈りの内容は、次の二つです。「生かされてありがたい」「素直でありたい」というものです。

松下幸之助氏は死ぬまで「素直でありたい」と言い続けました。万物を生成発展させる「宇宙根源の力」に対して素直でありたいと祈り続けていたのでしょう。「宇宙根源の力」はすべてを生かそうと働いています。その力に素直に従えば万事うまくいくようになっています。大局的には「物事はうまくいかないはずはない」と大きく楽観していたように思います。自らの身に降りかかったことのすべてを「天から与えられたもの」と受け止め、生かそうとした人でもありました。

●感謝を継続する力

このように、人間は自分の力で生きているというよりも、生かされた立場です。生かされたという「対象意識」に立って出発することが、「真の主体者」として立つ重要な土台になります。

その土台となる心の在り方が「感謝の心」です。

人生の目標や夢を描くことは大切なことですが、たとえ自分の思いどおりにならなかったとしても、葛藤したり、不平を言ったり、人のせいにするのではなく、いま一度、感謝の心で受け入れてみましょう。すると、困難だと思った環境が開かれたり、可能性が見えたり、もっと大きな夢を見いだすこともあるでしょう。自分の生き方に必要以上に固執するのではなく、すべて神様のみ意《こころ》のままにと、感謝一筋に生きるようになれば、幸福への気づきが与えられ、素晴らしい幸福をつかむことができるでしょう。

「今、ここ」に与えられているものを、肯定的に受け止めるか、否定的に受け止めるかによって、その人の運命が決定されるのです。その選択を決めるのは、あくまでも自分自身です。周りの影響を受けるのは当然ですが、人のせいにしたり、環境のせいにしたりせず、自分の責任で幸せの道へと選択することが大切です。そのときに必要な心の姿勢が感謝の心であり、その能力が「感謝力」です。

まとめ

- 嫌なことがあったとしても、落ち込まず反発せず、受け入れましょう。
- 乗り越えられない試練はないと自覚しましょう。

・すべての出来事のプラスの要素に目を向けましょう。
・幸せをつかむ能力である「感謝力」を身につけましょう。

実践しましょう

神様と身近な人に感謝の心を表現してみましょう!
・「神様、(　　　　　　　　　　　　)なので感謝します!」
・「(　　　　　　　　)さんのおかげで(　　　　　　　　)です。ありがとうございます!」

3 相手を受け入れる「傾聴力」

●誰もが持っている「聴いてほしい」という願望

コミュニケーションは、相手を理解し受け止めることから始まります。相手がどんな状態にいるのか、どんな気持ちを抱えているのか、どんな願いを持っているのかを知ることが、コミュニケーションの第一歩です。私たちは、見たり、聞いたり、触れたりと、五感を用いて物事を理解しようとしますが、その中でも、「聴く」ことを通じて多くの情報を得ています。「聞く」という一般的な聞くではなく、「聴く」という字のごとく、前向きに、心を込めて聴くということです。

家庭では子供が「親は全然聴いてくれない」と言い、学校では生徒が「先生は全然聴いてくれない」と言い、職場では部下が「上司は全然聴いてくれない」と言います。多くの人が「聴いてもらえない」「理解してもらえない」という不満や怒りを持っています。このような思いを持っているのですから、「聴いてあげよう」という姿勢を持てば、人間関係が良くなり、敵もいなくなるということです。

実際、どうでしょうか？　私たちは日常生活で人の話を聞いているかというと、意外に聞いていないものです。「話し上手は聞き上手」と言うように、話す能力や技術よりも、「聴く姿勢」「聴く技術」が大切です。耳を傾けて人の話を熱心に聞くことを「傾聴」といいます。英語では「Active Listening（アクティブ・リスニング）」といいます。文字どおり、「積極的、能動的に聴く」という意味です。このような傾聴する能力こそ、相手を受け入れるコミュニケーション力となることでしょう。

●愛の出発は「関心」から

聴くためには、相手に興味を持つことが大切です。相手に興味を持って、関心を持って初めて、その人の話を聴けるようになります。話を聴くということは、相手に注目し、理解しようとする姿勢の表れです。マザー・テレサは、「愛の反対は『無関心』である」と語っています。

一般的には、愛の反対は「憎しみ」であるとか、「恨み」であると考えますが、マザー・テレサは「無関心」と表現しました。

親子の関係を見ても、子供にとっては親から怒られたり、叱られたりするよりもつらいことがあります。それは、自分に対する親の無関心です。親の無関心が続くと、子供はあまりにもつらく孤独になってしまい、無意識のうちに悪いことをしてでも親の関心を引こうとします。親の無関心という孤独な状態よりも、親から怒られることを選んでしまうのです。ですから、「愛の出発は『関心』から！」なのです。関心を持って家族、友人、知人など、身の回りの人に注目してみましょう。そうすれば、その人の話を聴きたくなることでしょう。

●聴く姿勢～無条件の受容

相手の話を聞いていると、つい忠告や批判をしたり、解釈を入れたくなるものです。しかし、安易に忠告したり、良し悪しを評価したり、指示や命令をしたりせず、素直な気持ちで相手の話を聴くことができなければ、本当に話を聴いたことにはなりません。まずは「無条件に聴くという姿勢」が大切です。相手の置かれている立場を理解し、相手の存在を認め、どんなことでも肯定的な関心を向けることです。無条件に受け入れて肯定的に聴くことを「無条件の受容」

と言います。

特に親子の会話の場合、自分の子供に関しては、どうしても「自分のもの」という所有観念が付いて回ります。そこで自分の子供には「こうあってほしい」「こうあるべきだ」といった条件がついてしまい、つい「どうしてこの子は……」などと言ってしまうものです。しかし、条件つきでは子供の正直な気持ちまで聴くことができません。ありのままを受け入れることが、子供の心を開くことになります。人は、丁寧な言葉や態度で接してもらうことで、その人に対する「信頼感」を持つようになります。さらには、自分が相手から大切にされているという体験が「自尊心」を育んでいくのです。

ところで、親や上司など「目上の人」に対する姿勢と、子供や部下など「目下の人」に対する姿勢とでは、どちらが大切でしょうか。一般的には、親に対する「孝」や上司に対する「忠」が大切だと考えますが、その人の人間性が明確に表れるのは、実は目下の人に対する姿勢です。目上の人に対しては、気を使ったり、努力して丁寧に接したりしますが、目下の人に対しては日頃の姿が出ます。もし、ある人が、目上の人に対しては丁寧で謙虚な姿勢であっても、目下の人に対しては横柄な態度をとる人物であった場合、根本的には横柄な人かもしれません。目上の人にも目下の人に対しても、変わらない姿勢の人が本物だということです。

●聴くことの効果

このように、相手が誰であっても、相手の立場に立って、相手の話を受容的、肯定的に聴いてみましょう。そうすれば、話し手は自分自身の問題がはっきり見えるようになります。話しながら、「ああ、自分はこんなことを感じていたんだな」と、自分の気持ちを再確認したり、「なるほど」と新たな気づきを得たりするものです。さらに、話をしていくと「今後、どうしたらいいか……」ということを自然と考えさせられます。まさに、解決の道を自主的に探るようになるというわけです。

ただ聴いているだけの行為のようでも、実は話し手に大きな力を与えているのです。口を開くことは、心を開くことに通じます。話しながら心が解放され、前向きな意欲を持つようになります。このように、傾聴は相手に自らの抱える問題を自分で解決するきっかけを与え、その能力を引き出す効果があるということです。

具体的な聴き方の技術として、「うなずき」や「相づち」があります。さらに「質問」をすれば、より深く聴くことができます。笑顔でうなずき、話の調子に合わせて相づちを打ち、適切な質問をすることは、会話が円滑に進むポイントです。

相手の話したことを、そのごとく繰り返す「オウム返し」という技術もあります。例えば、「昨日、こんなつらいことがあったんです」と相手が話してきたら、「そうですか、昨日そんなつらいことがあったんですね」と繰り返すだけでも、話し手は自分の気持ちを再確認できたり、相手がよく聴いてくれているという実感を持つものです。

また、相手の話をまとめる技術に「換言」があります。「いわゆる、こういうことですね！」と一言でまとめて言い返すと、話し手は自分の気持ちがまとめられ、整理されてくる心理状態になるものです。

●人に合わせた聴く工夫

人によっては会話の中で「沈黙」が続く場合があります。聴くことが苦手な人は、沈黙が苦手で嫌なので、つい話し込んでしまう傾向があります。相手が急に黙り込んでしまうと不安になってしまうからです。しかし実際には、沈黙は否定的なものというよりも、話し手にとって意味のある場合が多いものです。自分が話したいことや考えていることを頭の中でまとめている場合や、大事な話を切り出すためのタイミングを考えている場合、悩み事などを相手に伝えるべきかどうか自問している場合など、様々です。また、悲しい時、寂しい時などには、自分の気持ちを表現できない場合もあります。ですから、沈黙しているといって焦らず、待ってあげる心の余裕が必要です。相手が安心して話せる肯定的な姿勢が大切です。

「関心を持ってあげること」「知ってあげること」「理解してあげること」が愛の出発点です。相手が何を願っているのかを知ることが大切です。喉が渇いているのに、水ではなく饅頭《まんじゅう》をあげたとしたら的外れになります。何を願っているかを知るならば、的を射た愛の実践、的確な助言ができるものです。ですから、傾聴力のある人は、少ない言葉でも人を動かす感化力のある人になることでしょう。関心を持って家族、友人、知人の話を聞いてみましょう。

まとめ

・家族の話、友人の話、身の回りの人の話に傾聴する習慣を身につけましょう。
・どんな内容でも肯定的に最後まで聴きましょう。
・愛の出発点である相手への関心を持ちましょう。
・傾聴を通して、相手を受け入れ、相手の能力を伸ばし、幸せに導きましょう。

実践しましょう

家族など身近な人の話を、最低三分以上熱心に聴きましょう。笑顔でうなずき、今まで以上に深く聴いて、相手の反応を見てください。

④ 人生を受け入れる「夢に描く力」

●「私」は人生の責任者であり主人公

幸せな人生を歩むためには「受け入れる能力」が必要です。受け入れられないところから葛藤や苦しみが生じてきます。受け入れるとは、相手（人間関係）を受け入れることですが、それだけでなく「自分を受け入れること（自己肯定力）」や「環境を受け入れること（感謝力）」などがあります。さらには、「自分の人生を受け入れること」も含まれます。不幸せな人生を歩む人の特徴には、「自分の人生が嫌い！」「自分の人生はどうしてこうなっているのか！」と葛藤しているという共通点があります。

それでは、誰が人生を決定しているのでしょうか。人生を「車の運転」に例えたならば、車の運転手は当然、本人自身です。周りの人々の影響や環境の影響はあるとしても、最終的な判断、選択は自分自身がなしており、「私は人生の責任者であり主人公である」という自覚が大切です。同時に、「人生の目的地」を明確にして歩んでいるかということがポイントです。目的地が分からずに車を走らせても無駄な時間を過ごすだけです。

「人生の目的地」はどこか、第一通過点、第二通過点というように、段階的でも「人生のゴール」を明確にしなければなりません。言葉を換えれば、「自分の人生の夢を描く」ということです。人間は神様の子女です。神様が創造主であるように、人間も創造する能力を持っています。願ったとおりに人生を切り開く力があるということです。

●前向きに夢やビジョンを描く

悩みの多い人は現状の悩みに心が振り回されて、実際のところ、夢を描く余裕がありません。現状という足元ばかり見ているので、未来を意識できません。未来よりも過去を意識しており、「あの時、もっとこうしていたらよかったのに……」「あの時、あんなことしなかったらもっとましだったのに……」というように、過去を悲観的に悔いている場合が多いものです。このような考え方では、生き方も消極的、後退的なものになってしまいます。もっと前向きに生きなければなりません。「前向きに」生きるとは、人生を肯定的にとらえ、未来を見つめて生きることです。

現在、企業など社会が求めている人材は、「自分で考え、自ら行動に移すことのできる人」だと言われています。言われたことを真面目にやるだけでは、今の時代に合った人材とは言えません。そのような依存型の人間ではなく、「立案力のある人」「夢やビジョンを描ける人」がどの分野でも必要とされているのです。

●夢を実現するナビゲーション力

人間の脳は素晴らしい能力を持っています。「夢」や「願望」を明確に描くと、脳はそれを実現しようとして限りなく働くのだそうです。車のナビゲーションも目的地を入力すると、果てしなく道案内をし続けるように、脳もいったん入力されると、それを果たすために働き続けるといいます。ですから、「自分が何を望んでいるか」を明確にしておくことが必要です。曖昧な目的地では車のナビゲーション機能が働かないのと同じように、曖昧な夢や抽象的な願望では脳もしっかり働きません。これからの人生をどのようにしたいのか、何をいつまでに実現したいのか、心がわくわくするような夢を持たなければなりません。できるかできないかをすぐに判断してしまうのではなく、純粋に可能性を信じて夢を持つことが大切です。「目標を達成する！」というよりも「夢を実現する！」といったほうが、何か心がわくわくするものです。「夢」というならば、「やらなければいけない」というよりも「やりたい」という気持ちが強くなるものです。わくわくする思いは「やる気」や「行動力」、「創造力」を高めるなど、様々な能力を高めるといいます。これは脳内モルヒネのエンドルフィンやドーパミンという「快楽物質」とも呼ばれる脳内物質の影響によります。まさにこれが、潜在能力を引き出している状態です。

●うきうき、わくわくの子供心

わくわくする思いは、「幼子」の心ともいえます。幼子が遊んでいる姿は、目をきらきらさせて、わくわくしている状態です。人間は元来、旺盛な好奇心や冒険心、豊かなチャレンジ精神を持っています。幼い子供は「駄目だ」とか「できない」とか「自分はこの程度だ」と考えるのではなく、積極的に様々なことを学び、砂地に水がしみ込むように次々と吸収していきます。このような状態に導くのが、「夢を描く」という姿勢です。過去の経験から生まれてくるマイナス思考も、夢を描きながら「おもしろい！」「好きだ！」「できる！」という思いを持つことで打ち消されますし、人の能力まで変えていきます。

何事もできるかできないかを左右する要因は、能力があるかないかというよりも、「できない」という意識の壁、心理的な壁にあります。これを取り除くことが大切なのです。

●心に天国を描く

夫婦、親子などの家族関係においても、「いついつまでにはこのようになりたい」という肯定的な夢を積極的に持ってみましょう。心に天国を描くことが重要であり、どれだけ善に憧れるかが幸せの要因となります。「悩みを解決する」というよりも、「願い・夢をかなえる」という心の姿勢がポイントです。例えば、「夫婦仲が悪い」という悩みを解決したいというよりも、「仲の良い夫婦」になりたいという願いをかなえようという姿勢のほうが、前向きで明るい人生になります。悩み多き人は意識のポイントが「悩み」で、無意識に悩みを探しては苦しんでいる傾向があります。

一方、幸せ多き人の意識のポイントは「幸せ」にあります。「いかにしたら幸せになるか」「もっと大きな幸せのためには」と考えながら、明るい未来、幸せな夢を描いているものです。まずは、どのようになりたいのか、未来に視点を向けることが重要です。

必要以上に過去を気にしたり、現在の課題で心をいっぱいにするのではなく、過去は教訓とするものの、未来の夢を描くことのほうが大切です。例えば、将来の目指すべき自分を明確に描きます。その将来の姿から現在を見るならば、「現在の自分に何が欠けているのか」「何が必要であるか」が明確に見えてきます。「将来の自分」から「今の自分」を引き算すれば、「今やるべきこと」が分かります。まさに「未来から現在を見る」視点が大切なのです。

●成功者のイメージ力

「夢を描く力」とは、言葉を換えれば「イメージ力」とも言えます。どのような分野においても、天才的な結果を残す人は、常に「未来」を見つめ、「人並み外れたイメージ力」を持っているのが特徴です。人の能力の差は、専門的な能力があるかないかという前に、「夢を描くイメージ力の差」が大きく影響します。ですから、「こうなりたい」という願望を、目標としてイメージし続けられるように、心をコントロールすることが大切です。

野球のイチロー選手が小さい時から大きな夢を持っていたことは有名です。小学校六年生の時の作文を紹介いたします。

「僕の夢は、一流のプロ野球選手になることです。そのためには、中学、高校と全国大会に出て活躍しなければなりません。活躍できるようになるためには、練習が必要です。僕は、三歳の時から練習を始めています。三歳から七歳では半年くらいやっていましたが、三年生の時から今までは、三百六十五日中、三百六十日は激しい練習をやっています。だから、一週間の中で友達と遊べる時間は五〜六時間です。そんなに練習をやっているのだから、必ずプロ野球選手になると思います。そしてその球団は、中日ドラゴンズか、西武ライオンズです。ドラフト入団で、契約金は1億円以上が目標です。……そして、僕が一流の選手になって試合に出られるようになったら、お世話になった人に招待券を配って応援してもらうのも夢の一つです。とにかく一番大きな夢は、プロ野球選手になることです」

このように、大きな夢を驚くほど詳細に描いています。願望が明確です。このような「夢を描くこと」は、今必ずしなければならないという緊急を要するものではありませんが、大切なことです。日ごろ、緊急なことに追われて活動することが多いものですが、豊かで充実した人生にするためには、このような「緊急ではないけれども大切なこと」を積み上げていくことが大切です。神様が世界を創造されたように、私たちは未来の理想の姿を夢に描いて自己創造していきましょう。

まとめ

・脳み事よりも願い事に集中しましょう。
・目の前の夢、将来の夢という人生のゴールを明確化しましょう。
・より具体的な夢をイメージしましょう。
・描いた夢を繰り返し人に話し、書き出してみましょう。

実践しましょう

私の今年の夢、来年の夢、再来年の夢を考えてみましょう。

5 心を受け止める「共感力」

●「分かち合う力」は幸せをつくりだす能力

コミュニケーションを豊かにする能力の中に「共感する力」というものがあります。相手の気持ちを自分のことのように感じ取り、相手と心を共にする能力です。「苦しみ、悲しみは分かち合えば半分になり、喜び、楽しさは分かち合えば倍になる!」という言葉があるように、心、感情というものは、分かち合うことで嫌なことは半分に減り、嬉しいことは二重の喜びになるものです。このように、「分かち合う力」「共感力」とは、不幸を半分にし、幸福を倍にするという「幸せにする能力」であり、「幸せをつくりだす能力」となります。

感情を共有するときは、誰もが嬉《うれ》しいものです。悲しい時、つらい時、「大変でしたね〜!」

「つらかったでしょうね～！」「苦しかったんですね～！」と、共感されると心が癒やされます。嬉しい時、楽しい時、「良かったですね～！」「すごいですね～！」「本当に、楽しいね～！」と、共に喜んでくれると二重の喜びです。被造万物はすべて「ペア・システム」になっていますが、なぜ主体と対象に分かれているのかというと、それは「真の愛の完成」のためです。

まさに、幸せは「二人が一つになる」ことによって築かれます。二人が心を一つにする世界です。愛はいくらあっても一人では感じることができません。相手を通して初めて味わうことができますから、分かち合う心が愛を育むということです。

●共感は「心の添い寝」

小さな子供は、夜寝る時、「寝なさい」と何度も言われるよりも、「一緒に寝ようね」とお母さんが添い寝して一緒に寝てくれると、安心してぐっすり眠るようになります。いつまでも脇にいてくれる、見守ってくれているという心地良い安心感を持つことができます。これと同じように、相手の心に共感する姿勢は、肯定的に支持してくれる「心の添い寝」のようなものです。

例えば、落ち込んでいる人に、「頑張って！」と連発しても逆効果の場合があります。頑張れと言われれば言われるほど孤独になる場合があります。そのとき効果的な言葉は、「一緒に」という言葉です。「一緒に考えてみましょう」「一緒にやってみましょう」「一緒に頑張ってみましょう」というだけで、嬉しいものです。このように、一緒にという心の姿勢が幸せをつくり出していくものです。

●共感する姿勢と技術を高める

このように、共感する姿勢が重要ですが、共感するときの会話にはいくつかの意識すべきポイントがあります。まず、傾聴するときと同じように、「うなずき」や「相づち」は大切なことです。表情豊かに、時には笑顔でうなずき、時には、真剣な表情でうなずくことができれば、心の架け橋になることでしょう。うなずくにおいても、「感嘆詞」をつけたらさらに実感がこもります。「そうですね！」「そうなんだ！」「そうですか！」「なるほど！」「すごいですね！」「大変だね！」など、感情表現されると心地よいものです。

また、聴くときに「オウム返し」で、相手の言葉を繰り返すならば、心の共鳴現象が起こります。「昨日、大変だったんです」と言えば「大変だったんですね！」、「今日、嬉しいことがあったんです」と言えば「嬉しいことがあったんですね！」と、同じ言葉を繰り返しているだけでも、しっかり聴いていますす、分かっていますす、という肯定的受容の姿勢が伝わっていきます。相手が繰り返すことで、自分の心が反射され、自分の感情の確認となります。さらに、話のリズムが良くなり、もっと話したくなり、会話がスムーズになることでしょう。

また、共感にとって大切なことは、目を見て会話するということです。共感とは言葉を合わせるのではなく、何よりも心を合わせることです。「目は心の窓」というように、心の動きは目に表れますから、目を合わせることは、心を合わせるポイントにもなります。落ち込んでいる人や心を閉ざしている人などは、目を合わせないものですが、会話が徐々に深まり、心が通じていくと無意識に目を合わせるようになります。ですから、どんな人でも適度に目を見て会話しながら、心通わせる姿勢が大切となります。

●人の痛みや喜びが分かる人

さて、共感とは、字のごとくに「相手の気持ちを共に感じる」ことですが、相手の気持ちを自分のことのように感じる能力が必要になります。人の痛みの分かる人、人の喜びの分かる人です。人の痛みの分かる人は、苦労人が多いものです。つらいこと、悲しいこと、困難なことが多かった人は、人の不幸に敏感に深く共感してあげることができる人でしょう。苦労人の長所は、慰め上手であり、人の不幸を半分にしてあげられる能力を持っています。もっと厳密に言えば、苦労をしただけでなく、その苦労を乗り越えて感謝している人です。苦労をしたけれども乗り越えられず、しこりになっていたり、恨みになっていたりする人は、逆に不幸な人をもっと不幸にしてしまう可能性があります。自分と同じような苦労、それ以上の苦労をしながらも、笑顔で前向きに生きている人の共感こそ、希望と生きる意欲を与えてくれるものです。

また、人の喜びが分かる人となるためには、自分自身が喜びの人生を歩んでいるかが重要です。小さな恵みでも、「いや〜、良かった！」と感動、感激、感謝している人は、人の喜びに敏感に深く共感してあげることができる人でしょう。純粋な、素直な人は、喜びに敏感な感激屋が多いものです。自分の喜びを実感している人は、人をも嬉しくさせていくことが得意なものです。小さな幸せでも、目の前の人から、感動的に「良かったね！」と言われると、有り難味が増し加わるものです。このように、肯定的な共感は、相手の肯定的な感情を増進させていきます。

●同感、同情ではなく、相手の身になって共感

共感と似ているけれども違うのが、「同感」「同情」です。「同感」とは、例えば「先日、夫

が入院して大変だったの……」というのに対して、「分かるわ！　去年、家でも夫が入院して大変だったもの。私の場合はね……」という場合があります。この場合、相手の気持ちに共感しているようですが、相手の気持ちが中心ではなく、同感する自分の気持ちが中心となり、自分の気持ちが先行して話しがちになります。あくまでも、相手の気持ちが中心であり、相手の立場に立って話すことが大切です。

また、もう一つ、「同情」というものがあります。「お気の毒に……」「かわいそうに……」といった、相手のことを「何とかしてあげたい」という感情です。これは相手を見下す姿勢になりやすいものです。相手は何とかしてあげないといけない人であり、自分は何とかしてあげようという関係ですから、上下関係になりやすく、本当の信頼関係は築けません。共感的理解をするためには、対等な関係性が大切です。

このように、「共感」あるいは「共感的理解」とは、相手が感じていることを相手の身になって、あたかも「自分が相手だったら……」と考え、「相手の内側から相手を理解しようとすること」といえます。

「共感的理解」というものは、自分の考えや意見を挟まず、「相手の感情を正確にくみとり、相手の思いをそのまま受け止めること」です。相手にとっては、ただ共感してもらうことを通じて、自分の心を鏡に映し出されるように理解し、肯定的に受け止めるきっかけになります。

共感力は、生きる意欲を与えることになります。逆に言えば、共感されていない人は、生きる意欲を失いやすい人かもしれません。共感することを通して、心を一つにすると同時に、その人の存在を肯定し尊重する姿勢にもなります。

●女性の魅力「慰労と感動」の共感力

このように、共感的理解を家庭の中で、職場の中で、友人との中で実践することができれば、幸せな人間関係となります。一般的に、男性よりも女性のほうが、「共感力」が備わっているようにも感じます。仲の良い女性同士の会話は、感嘆詞が多く、共感の連続のように感じます。また、家庭でも、父親よりも母親のほうが、子供たちに対しても共感してあげることが多いでしょう。母の愛とは、「慰労と感動の働き」とも言います。生きる意欲を与える働きです。

子供にとっても、夫にとっても、女性の共感は最高の力の源になります。反対に、「受容拒否」という形で子供を拒否したり、夫を否定したりする場合は、子供や夫に大きなダメージを与えるようになることでしょう。共感力を身につけることは、女性らしさを高めるためにも重要な要件ではないでしょうか。

まとめ

- 人の話を「うなずき」「相づち」「オウム返し」をしながら聴いてみましょう。
- 相手の喜びや悲しみなどの感情に合わせ、表現豊かに反応しましょう。
- 相手の目を見て会話しましょう。
- 人の痛みや喜びが分かる人になりましょう。
- 慰労と感動の共感力を高めていきましょう。

実践しましょう

家族など身近な人の話を聴いて、共感してください。表情、身振り、声のトーン、感嘆詞など、今まで以上に表現力を豊かに表して反応してみましょう。

6 吸収する力「素直な心」

● 「素直さ」は人格・能力・人間関係を向上させる

コミュニケーションはじめ、人生を幸せにするために大切な要素の一つに「素直な心」というものがあります。この「素直さ」は、人格の成長や能力の開発、さらには人間関係の円滑さにおいても、必須の条件と言えます。

誰とも人間関係がうまくいく人の特徴を見ると、相手を何のこだわりもなく「素直に受け入れる心」を持っています。相手に対する好き嫌いもなく受け入れますから、衝突もなく、葛藤もありません。反対に、素直に受け入れることができず、相手に対して要求の思いが強かったら、人間関係はうまくいきません。相手を変えようとする人は、相手を利用しようとする人です。相手に譲歩して従い、素直に受け入れる人は、相手に利用されるように見えても、最終的には相手を屈伏させる人となります。このように、コミュニケーションを豊かにするためには、「素直さ」という心の姿勢が大切です。

●成功三原則「勉強好き」「プラス発想」「素直」

経営コンサルタントで有名な船井幸雄氏は、企業発展法則、人生成功法則などを分かりやすく表現される人です。様々な人から「成功するためには、どんな能力が必要ですか？」と聞かれるそうです。その時、船井氏は「成功する人というのは、能力というよりも、成功する性格を持っています」と答えます。そして、「成功する人の三条件がある」と説明しています。

第一条件は「勉強好き」です。よく学び、知らないことを否定せず興味を持てば、勉強が楽しくなってくるということです。そうすると次第に、「サムシング・グレート（創造主）が自分にどんな使命を与えたのか」ということが分かってきて、人生の役割を知り、やりがいを感じるようになるといいます。

第二条件は、「プラス発想」です。ストレスをためずに楽しく生きるためには、プラス発想が大切です。そのためには「他者オール肯定」として人を肯定的に受け入れる姿勢が大切であり、「過去オール善」として過去の出来事はすべて意味のある意義あるものと受け入れること、まさに自分にとっては善なる結果だったという姿勢が大切です。そして「オール楽しみ」としてすべてを喜んで受け入れることが大切だといいます。

さらに第三条件は「素直」です。人のアドバイスや忠告であっても、良いことは素直に取り入れる姿勢があれば、人生は必ず好転することでしょう。

このように、素直に学ぶ向上心を持ち、素直に受け入れ、素直に吸収する人は、限りなく成長し発展し成功する人といえます。

●「器の限界」よりも「意識の限界」が結果を決める

反対に、知らない分野には興味を持たず学ぼうとしない人、できない理由を探し言い訳をする人、素直でない人は、何事も限界があります。人間の「能力の限界」というのは、その人の能力があるかどうかという「器の限界」というよりも、その人自身の「意識の限界」の影響のほうが大きいものです。能力の壁ではなく、「できない！」という意識の壁、心理的な壁が大きな問題です。

「できない」と思いやすい人は、その人に能力があるないにかかわらず、できないという結果になります。反対に、自分の可能性を素直に信じて受け入れる人は、限界がありません。ですから、心の壁をつくらない人、まさに「素直さ」のある人は、どんどん伸びるということです。

例えば、ある会社にタイプの違う二人の社員がいたとします。一人は経験も実力も器も大きい社員ですが、素直さが少し欠けており、どんな指示に対しても簡単に「はい」とは言わない人です。もう一人は、経験も実力もない社員ですが、性格は素直で、どんな指示に対しても「はい、分かりました」という人でした。何か仕事があった場合、前者よりも後者に頼みたくなります。そして、近い将来、確実に後者のほうが大きく成長することでしょう。このように、素直さは無限の可能性を引き出すものです。

スポーツの世界も同じです。野球で「世界の王」と言われた王貞治選手は、巨人の選手時代に荒川博コーチに指導を受けて、猛特訓の末にあの一本足打法が編み出されたことは有名です。その当時のことを、荒川博氏は次のように王貞治選手について語っています。「習い方がうまいという人とは、習う素直さがある人です。これが第一条件です。王は私に口答えしたことは一回もありませんでした」といいます。このように、成長の第一条件は「素直さ」と言えるでしょう。

マラソンで金メダルを取った高橋尚子選手も、小出義雄監督に言わせると、走る能力が優れているというよりも、一番印象的なことは「素直な性格」ということでした。大学時代まで無名であったにもかかわらず、その素直さゆえに、飛躍的成長をなし、前人未到の勝利を収めることができました。

「成長する」ということは、「自分が変化する」ことです。その人のとる行動や習慣、考え方が変わるということですが、それを変えるのはあくまでも本人です。その人が成長するかしないかは、本人次第です。何かをきっかけに、自分を変える努力をしたとき、初めて人は成長します。研修などでアドバイスを受けても、「育つ人と育たない人がいる」ということが現実です。自分を変える、変えたい、という「素直さ」がある人は、どんどん成長します。

●素直に「インプット」し、素直に「アウトプット」する

このように、成長するためには、受け入れる素直さ、教わる素直さが大切ですが、それだけでは十分ではありません。受け入れる「インプット」だけでは人は成長しないということです。受け入れたものを自分の中で消化し、外に出すことも重要です。そして空っぽになったら、また新しいものを入れる姿勢が大切です。例えば、自分のために学ぶというインプットだけではなく、学んだ内容を人に伝えようとしたら真剣に学び、理解も一層深まるものです。このように、「インプットとアウトプットを繰り返す」ことによって人は成長することでしょう。

アウトプットするということは、それまでにインプットしたものを、消化吸収し自分のものにする最も効率的な方法です。人間はアウトプットを増やすことによって、自然と正しいインプットが増えるように造られています。一言で言えば、「持てるものをすべて出し切るアウトプット」です。ヨーガの呼吸法では、深い呼吸をしたければ息を吐くことだけに意識を集中しろと言います。体内のすべての息を吐ききれば、何も考えなくても自然と十分な空気を吸うことできるからです。このように、「素直にインプットする」こととともに「素直にアウトプットする」ことがより効果的に成長するポイントです。

人間関係も同じように、相手を受け入れる素直さ、環境を受け入れる素直さが大切になります。人は十人十色というように、人それぞれ違いますが、違うことに注目して難しく考えて葛藤することがあります。家族であっても個性は違いますから、自分の物差しで人を測ってはいけません。どのような人であっても素直に受け入れる姿勢が大切です。ですから、「相手を分析する鋭さ」を磨くのではなく、「相手を受け入れる寛容さ」を磨くことが豊かなコミュニケーションを築くポイントにもなります。言葉を換えれば、「素直に受け入れる力」です。

●「幼子の心」を持った天国人

聖書に次のように記されています。

「弟子たちがイエスのもとにきて言った、『いったい、天国ではだれがいちばん偉いのですか』。すると、イエスは幼な子を呼び寄せ、彼らの真ん中に立たせて言われた、「よく聞きなさい。心をいれかえて幼な子のようにならなければ、天国にはいることはできないであろう。この幼な子のように自分を低くする者が、天国でいちばん偉いのである……」（マタイ18・1～4）

このように、年齢に関係なく「幼子の心」を持っていくことが大切です。そして、幼子のように、「素直に受け入れる姿勢」が大切となることでしょう。

このような「素直さ」は、指導者・リーダーとなったとしても同じように大切となります。これからの時代の本当のリーダーは、強烈なカリスマ性を持ってただ引っ張るというよりも、周りの人にエネルギーを与えられる人、意欲やモチベーションを与えられる人といわれています。さらには、上司や年長者からだけではなく、自分の部下や年少者からも学ぼうとする人こそ、本当の人格者です。

　そのように、素直で謙虚に生きていたら、人は大きく成長していくのではないでしょうか。責任者が現場に入り込んで多くの対話の場をつくり、自身の考え、理想を話し、皆で共感し合う。そしてそれを浸透させていくリーダーが理想的ではないでしょうか。そのためにも、「正直さ」や「誠実さ」、そして「素直さ」が大切になります。

まとめ

- 何事も素直に受け入れる姿勢を持ちましょう。
- 自分の可能性を素直に受け入れ、「無限の可能性の扉」を開きましょう。
- 相手を受け入れる「寛容性」を磨きましょう。
- 幼子のように自分を低くして、素直に受け入れる姿勢を持ちましょう。
- 「素直さ」を持ったリーダーになりましょう。

実践しましょう

　周りの人の言葉を素直に受け入れてみましょう。相手の言葉に一喜一憂したり、反発するのではなく、「ありがとう！」「やってみるよ！」「そうだね！」「喜んで！」「了解！」と受け入れてみましょう。

7 人生を楽にする「楽観力」

●「心の受け止め方」で幸不幸が決定する

人生の幸不幸は、現在が恵みや福、愛に満ちているかという結果的要素（事実）だけではなく、それをどのようにとらえるかという心の姿勢で決まります。まさに、「心の受け止め方」が幸不幸を決定するということです。

事実は誰が見ても変わるものではありませんが、その事実をどのように受け止めるかは大きく分けて二つあります。肯定的に受け止めるか、否定的に受け止めるかの二つです。例えば、病気になったとしましょう。病気という状態は誰が見ても変わらない事実ですが、その場合も二つの受け止め方があります。「病気のせいで」ととらえて不幸だと考える場合と、「病気のおかげで」と少しでも良かったことを見つめようと考える場合です。

どんな状況にあっても、プラスの面に注目し、「楽観的に」見つめることが大切です。楽観とは、「楽しく見つめる」ということです。前向きに楽観する能力が「楽観力」です。そのような発想を持てば、たとえ今の状態がピンチだとしても、それをチャンスだと切り換え、マイナス的な出来事もプラスの方向に転換させる力となることでしょう。

ピンチに背を向けることなく、正面から向き合えば、それは跳び越えるべきハードルとなり、自分を成長させてくれる糧となります。「あ、これは生き方を変えるチャンスだ」「自分を成長させる試練だ」と考えるのです。日頃からそのような心を準備しておく必要があります。

●病気のときの発想転換

慢性リューマチなどの難病を治すことで有名になった医師・篠原佳年《よしとし》氏は、『快癒力』という著作の中で、病気について次のように説明しています。

「病気というのは、その人の体の内部から発信された、人生に対するメッセージです。『あなたの生き方は、病気になるほどバランスが取れていないのですよ』『だから、病気を楽しめとまでは言いませんが、せっかく、病気という形でメッセージを送ってもらっているのだから、じっくり、それを受け止めてみたらどうですか』、病気があなたに、過去の記憶の中にある『わだかまり』をはっきり見せ、『だから、あなたは病気になったのですよ』と教えてくれているのに、そのわだかまりから逃げてばかりいれば、いつまでたっても病気は治りません」

また、篠原医師が患者さんに対してよく言う四つのアドバイスがあるそうです。

第一は、「誰でも自分で望んだものを手に入れている」ということ。思いは実現するように、病気も健康もその人の心にイメージしたことが結果として実現したものです。

第二は、「病気であろうと、健康であろうと、寿命が来ないと死なない」ということ。病気と寿命は関係ありません。病気は、あなたにこれからの人生の過ごし方を教えようとしているメッセージなのです。

第三は、「体はあなたのものではない」ということ。心臓を動かしているのは、あなたではありません。毎日使っている腸や肺などは、自分自身で意識的にコントロールしているのではなく、ただ使っているだけです。体というよくできた借り物の車を運転している運転手のようなものです。

第四は「あなたはあなたにしかなれない」ということ。農耕用のトラクターを、無理に高速道路で走らせたら壊れてしまうように、自分に合った生き方をしなければ、体は壊れていきます。

また、日米三十万人の胃腸を診てきた胃腸内視鏡外科の名医、新谷《しんや》弘実《ひろみ》氏が『病気にならない生き方』で述べた「健康で長生きする方法」や「食生活と病気の関係」など、今までの常識を覆すような内容は、多くの人々の心をとらえました。新谷医師は病気について次のように述べています。

「この世をすべて包み込んでいる自然の摂理（これは神の意思といってもよいのですが）に反することをすると人間は病気になる」

●すべてを受け入れたら楽になる

病気一つ取ってみても、ただ単に不幸だと悲しむものではなく、前向きに人生の良き転機ととらえることが大切なのです。「つらい」「悲しい」という感情は、現状に対して葛藤したり、受け入れ難いと思うところから生じます。しかしそれは、「起きている現象をすべて受け入れれば、つらい、悲しいと思わなくなる」と言うこともできます。

人間関係も同じです。自分以外の人を自分の思いどおりにしようとするより、丸ごと受け入れてしまうほうが人生は楽になる、ということです。人間関係が悪くなると「相手に変わってほしい」「相手をいかに自分の思いどおりにするか」ということで悩みますが、それよりも「自分がどう生きるか」ということに集中したほうが楽であり、結果的には良い関係をつくることができるものです。

困難に遭遇したとき、その時は分からなくても、あとで振り返って、「あの時は苦しかったけど、あの出来事があったから、今の自分があるんだ。あの出来事は私の成長と幸せのために必要なことだった。あれで良かったんだ」と思える時が来るものです。人生に無駄なことはありません。越えられない苦労は決してやって来ないという楽観的な心の姿勢と柔軟な発想が大切です。

●人生に影響を与える楽観的な言葉

言葉や行動など、形から入ることで心に影響を与える方法もあります。難しい状態や困ったときほど、「これはもっと大きな幸せのためのきっかけだ」「これからが楽しみ」「順調！　順調！」と言葉にすれば、これが自己暗示の言葉となり、徐々に楽観力を身につけることができます。

例えば、受験に合格したいというときは、「試験にパスしますように」ではなく、「受験合格万歳！　ありがとうございます」と表現したり、「病気が治りますように」ではなく、「生き生きと健康で暮らしています。ありがとうございます」と表現します。さらには「義母さんとの関係が良くなるように」ではなく、「義母さんと仲良くにこにこ。ありがとうございます」と言葉にして繰り返し唱えていくことが重要です。

人が使う言葉は現実化します。使う言葉によって人の運命は変わっていきます。今まで癖になっていた言葉遣いを意図的に変えることによって、癖になっていた思考パターン、行動パターンから脱することができます。「○○してほしい、○○をかなえてほしい」というイメージや言葉は、欲しいと思いながら手に入らない「欲しがっている状態の自分」を現実化してしまい、「手に入った」という状態を実現してはくれません。そのためには、ないもの、足りないものを探す「引き算発想」ではなく、あるものや恵まれたものを探す「足し算発想」が大切です。「これだけしかない」という発想から「こんなにある」という発想に変えていくならば、気分だけではなく、実際に幸せになれるのです。

●「楽観力」は幸せの波動を招く

量子物理学に「波動」という言葉があります。すべての物質は分子でできていて、分子は原子から構成されています。原子の構造は、「原子核の周りを電子がぐるぐると高速で回っている状態」であると古典物理学では考えられてきましたが、量子物理学によって「原子核の周りを波が動いている状態」でもあることが解明されました。電子は「粒子」であると同時に「波動」でもあったのです。

さらに、電子だけにとどまらず、「物質波」といって、すべてのものは「物質」であると同時に「波動」であることも分かりました。人や物など、すべてのものが波動としての性質を持っています。

そして、物質や肉体だけでなく、私たち人間の感情にも、言葉やイメージにも、そして出来事にまで、波動のような性質があります。

同質の波動は共鳴する性質があると考えられています。プラスの感情を持って、にこにこ柔らかい波動を出して生活していれば、良い出来事、楽しいもの、プラスの感情を持った人たちを引き寄せます。また、周りの人までプラスの感情にしていくので、周りの人たちを幸せにしていくことができます。イライラしているときの荒い波動を笑顔で柔らかい波動にチェンジすると、プラスのほうに「巡り合わせが変わる」のです。このように、すべてのものを受け入れる「楽観力」は、幸せの波動を招いてくれるのです。

まとめ

・どんな状況でも、プラスの面を注目してみましょう。
・苦難や苦労も、チャンスや試練、訓練としてとらえ受け入れましょう。
・「引き算発想」から「足し算発想」に転換しましょう。
・肯定的、楽観的言葉を繰り返し使い、幸せをつくり出しましょう。

実践しましょう

ないこと、できないこと、恵まれないことに注目するのではなく、足し算発想で「あること、できること、恵まれたこと」を探してみましょう。

(例)「私は○○があるから、恵まれている！」「私は○○ができるから幸せだ！」「私は○○に恵まれているから充実している！」

8 相手に影響を与える「自己改善力」

●相手を変えようとする「要求の動機」

人間関係が良くなるためには、「良く変わる」という変化が必要です。誰が変わるのでしょうか。「相手が変わる」か「自分が変わる」かのどちらかです。もしくは両方とも変わるということもあります。しかし、人間関係の難しさを感じたときは、「どうしてあの人はこうなんだろうか?」「相手がその欠点を変えてくれたらうまくいくのに……」というように、「相手が変わらないといけない!」という思いを持ちやすいものです。相手のことはよく見えるからであり、自分の心の葛藤は、目の前の人の姿を見て湧いてきた感情だからです。

家庭の中でも、夫からすれば妻が問題となり、妻からすれば夫が問題だとなります。親からすれば子供が、子供からすれば親が問題だと思うものです。このように感じることは、ある意味事実でしょうが、それを相手に伝えたからといって、関係が改善されるどころか、悪化する場合のほうが多いのです。

このように、「相手を変えよう」という観点で見つめると関係が難しくなるのはなぜでしょうか。その動機が「要求・裁き・批判」になっているからです。また、冷静に相手のためにと思って指摘しても、相手自身が自分を変えようという必要性を感じていなかったり、ただ悪口を言われたと思うだけの場合も多いものです。人間関係が悪い人の特徴は、このように「相手を変えよう」と発想しているということです。そのような人は、身の回りの環境や境遇に対しても、同じように「環境を変えよう」という観点で見つめるものです。人生がうまくいかないのは、「学校が悪い」「職場が悪い」「制度が悪い」など、不平不満の多い人生になりがちです。

●「相手を変える」から「自分が変わる」へ

では、「相手を変えよう」ではなく、「自分が変わろう」という観点を持ったらどうでしょうか。「私がこうしよう」「私がこうなろう」という気持ちで、自分が変化するのです。自分を改善することで相手にも影響を与えることができます。例えば、相手が不平不満を持ち、口を開くと文句ばかり言っていたとしましょう。それを見て、「不平不満は駄目ですよ！」「もっと感謝すべきですよ！」「見つめ方を変えてください！」などと言うのではなく、その不満の思いを、心を込めて聞いてあげるなら、相手の心は変化していくことでしょう。相手が「してほしい」と思えば、私が「してあげる人」になり、相手が「できない」のであれば、私が「模範を示す人」になり、相手が「自信を失っている」のであれば、私が「相手の長所を見いだしてあげる人」になればいいのです。

相手のためにこちらが変わることとは、相手のために良くないとか、相手に屈服しているようで気分が悪いと考えるのではなく、相手のために「最善の人に変わる」ことは、愛の人です。その行動の動機が「相手のために（利他的）」という愛の動機になっているからです。

人生の大切な教訓として次のような言葉があります。

「心が変われば行動が変わる、行動が変われば習慣が変わる、習慣が変われば人格が変わる、人格が変われば運命が変わる」

「過去と相手は変えることができず、未来と自分は変えることができる」

どんな場合、どんな状況でも、すべての出発点は「私の心」にあるということです。どんな心で接するのか、どんな心で行動するのか、どんな心で生活するのかが大切です。なぜなら、人生の主人公は「私」だからです。私の変化で人生を変化させられます。私の変化、自分の成長に焦点を当てていくならば、相手も環境も運命も動かすことができます。

●「自身を供え物」にする信仰生活

『原理講論』では、次のように「信仰生活とは何か」を明確に示しています。

「信仰生活は、自身を供え物の立場に立てておいて、善と悪に分立させ、神が喜ばれるいけにえの供え物としてささげる生活である。ゆえに、我々が常に、神のみ旨を中心として、自身を善と悪に分立させないときには、そこにサタンの侵入できる条件が成立するのである」

堕落人間は、神様のみ旨を中心として善と悪に分立させ、供え物として捧げる生活が必要だということですが、問題は誰の善悪を分立するのか、誰が供え物になるかということです。それは「自身の善悪を分立する」ことであり、「自身を供え物にする」ことだと明確に示されています。

信仰生活は相手の善悪を分立することでもなく、周りの人を供え物にするのでもありません。自分自身を裂くこと、自分自身がより善なる存在に生まれ変わることが信仰生活の本質だということです。このような本質を見失うと、み言《ことば》を聞いて感動したとしても、そのみ言で周りの人を審判したり、批判したり、裁いたりすることになります。み言は人を審判するためにあるのではなく、自分自身の堕落性本性をなくし、自分自身の創造本性を伸ばし、愛の人になるためにあるので、私自身に当てはめることが大切です。

私自身がサタン分立され、神様のみが働ける人になったら、神様と共に目の前の人を愛することができ、愛の関係性が築かれていくということです。

しかし、現実は相手が気になるものです。相手が悪なる姿であるとか、偽りの生き方であるとか、相手がおかしいと思い、相手を変えたくなるものです。そのとき、相手を変えるのではなく、自分自身をより善なる姿に変え、神様の愛で愛することが重要です。なぜなら、神様が悪を収拾するためになされてきた道は、ただ一つ「怨讐《おんしゅう》を愛する」という道だったからです。ですから、自分自身が最善の姿に生まれ変わり、愛を実践できる人が「真の人」であると言えます。

●「完璧主義」から「最善主義」へ

気をつけなければならないのは、自分に対しても相手に対しても完璧を求めないということです。「完璧主義」ではなく、より善なる姿に変えていこうと、常に成長発展していく「最善主義」で生きることが大切です。

完璧を求めすぎると、失敗を恐れる人になりますが、最善主義では失敗を成功の糧とします。失敗から学ぶことによってしか成功に到達できないという姿勢となります。目標達成までのプロセスにおいても、完璧主義はゴールに到達することだけに集中しがちですが、最善主義は目標へ至る行程・プロセスをも重視しますから、結果だけで一喜一憂しなくなります。

アドバイスの受け入れ方においても、完璧主義は完全を求めすぎるあまり、過敏になり、自分の欠点や弱点を認めたがらない傾向があります。アドバイスに対しても、素直に受け入れるというよりも、極端に防御する場合もあるでしょう。しかし、最善主義は、自分に対するアドバイスや忠告も受け入れて自分自身を改善しようとします。

また、完璧主義は、他人だけでなく自分にも極端に厳しく見つめがちであり、言葉も「すべき」「ねばならない」「しないといけない」といった断定的、教訓的になりやすい傾向があります。しかし、最善主義は、他人に対しても自分に対してもずっと理解があり、寛大な姿勢となり、常に可能性を見いだし、希望や人生の明るい面に注目する人となることでしょう。

最も重要な違いは、自己評価に大きな影響を与える点です。完璧主義は無意識のうちに自己に対してもあら探しをする傾向があり、自己評価が低くなります。まさに、「自尊心」が育まれにくいということです。一方、最善主義は、時の経過とともに強まる傾向があり、難題を避けずに、引き受けて挑戦する姿勢となり、健全な自尊心を育むようになるでしょう。

人間関係をはじめ人生全般にわたって「自尊心」は、心の重要な土台となります。成長は変化を伴いますが、自尊心が乏しい人は、変わることに不安を覚えます。自尊心を持っている人は、自分を変えることに、不安よりも喜びを感じるようになります。

このように、より善なる姿に変わろうとする「自己改善力」は、自分の人生の幸福度を高める能力となり、人間関係においても相手に善なる影響を与える能力になります。相手に要求する思いが湧いたときほど、自分の成長のチャンスだととらえて、最善な姿に自己改善していきましょう。

まとめ

- 相手や環境を変えようとせず、まずありのままを受け入れましょう。
- 相手の欠点や違いにこだわらず、調和し、一致するために行動しましょう。
- 相手のために私が変わりましょう。
- 人生の主人公である私の視点、行動の変化で運命まで変えていきましょう。

実践しましょう

身近な人に対して、「このように変わってほしい」ではなく、「私がこのように変わろう」

という姿勢で行動してみましょう。

(例)(夫)のために、私が(毎日マッサージしてあげよう)。
(例)(長男)のために、私が(毎日ほめてあげよう)。
・(　　　　　　　)のために、私が(　　　　　　　　　　　　　　　　)。

9 自分を伸ばす「自己肯定力」

●あなたの長所は何でしょうか?

コミュニケーションを豊かにするためには、相手を受け入れる心が大切ですが、さらにその前に、自分自身を受け入れることも大切です。自分自身に対して肯定的にとらえることができるのも素晴らしい能力です。それを「自己肯定力」と言うことができます。

皆さん、「あなたの長所は何でしょうか?」という質問に対してすぐ答えることができるでしょうか? 案外、言葉が出てこない場合が多くあります。反対に、「短所は何ですか?」と尋ねられるならば、次々に出てくる場合もあります。自分を高めるために自分の足りないところを意識しているからでしょう。しかし、重要なことは自分の長所に目を向けて伸ばしていくことです。短所を見つめるか、長所を見つめるかによって「自己イメージ」が変わります。実は、自分をどのように見つめているかという「自己イメージ」がコミュニケーションをはじめ、人生すべてに大きな影響を与えるものです。

例えば、Ａさんという方はどういう人かといった場合、肯定的に見つめる観点と否定的に見つめる観点があります。見つめ方で評価は大きく違ってくるでしょう。同じように、自分自身に対しても見方によって評価が変化していきます。長所を見つめる人は、自分に対しても肯定的に受け止めることになり、自分に誇りを持ち、人間関係など人生すべてに前向きにとらえるという特徴があります。

●否定形の固定観念を肯定形に

しかし、肯定的な表現をしようとしても、なかなか出てこない場合があります。その原因の一つに、「否定形の固定観念」に支配されていることがあります。一言で言ったら「思い込み」です。人は事実よりも自分の持っているイメージのほうをより強く信じる場合が多いものです。周りの人はあまり気にしていないことでも、本人が気にするあまり周りの人もきっと気にしているに違いないと思い込むなど、必ずしもそうと言い切れないことを断言してしまうことが固定観念です。

例えば、「バラは赤い」という言葉は正しい事実でしょうか？　事実ではありますが、正確でもありません。バラは赤が主流ですが、白いものもあります。ですから、正確に言えば「バラは赤いものもある」となります。同じように「私は駄目な人間だ」と言い切る人がありますこれも事実の場合もありますが、正確ではないはずです。正確に言えば「私は駄目なときもある」となることでしょう。このように、事実でもないことを思い込んでいることに気づき、否定形から肯定形への意識転換することが大切です。

ある方が、「バラと言ったらやはり赤いバラでしょう。白いバラは好きではないね」と言ったら、ほかの人が「そうですね。私もそうです」と言ったとしましょう。そうすると、「皆、白いバラは好きではないようだ」と思い込むことがあります。しかし、正確に言えば、すべての人がそうとは言い切れません。事実は「白い花が好きではない人がいるようだ」ということになるでしょう。同じように、「皆が私を嫌っているようだ」と思い込んでいる人がいます。決して皆の意見を聞いたわけではないでしょう。正確に言えば、「私を嫌っている人がいるようだ」となります。

●新しい自分の再発見

このように、否定的な部分を気にするあまり、否定的な固定観念に振り回されている場合があります。自分自身を「否定的観点」で見るのではなく、「肯定的観点」で見るならば、自分の気づかなかった個性の再発見になったり、人間関係や人生の取り組み方が変化していくことでしょう。

ある人は、「自分は話下手である」と気にしている人がいたとしましょう。しかし、話下手と思っている人は、話すことよりも聞くことが多く、案外「聞き上手」な場合が多いものです。また、「私は積極性がないし、行動力が乏しい」と思っている人は、積極性がない代わりに「地道にコツコツとやる」という堅実さの特徴があるものです。

また、ある人は「私は人の目が気になりやすい」と気にしていたとしましょう。しかし、見方を変えれば、「人の気持ちに敏感な心の持ち主」という感受性の豊かな人ではないでしょうか。

このように、長所と短所は背中合わせになっている場合が多いものです。何でもできる長所しかないという万能の人はいません。自分の特性を前向きに活かすことを考えたら、自分の個性を伸ばすことができるのではないでしょうか。否定的に見たら、「自分の嫌なところ」となります。

「自分は劣っている人だ」と感じていると、他人とのコミュニケーションにも支障をきたします。自分が劣っていると感じていると、常に、自分を立派な存在に見せようとすることを考えてしまいます。すると、常に、優越感を求めることに必死になったり、自分のミスを複雑に解釈してしまったりして、頑張れば、頑張るほど悩みが大きくなったり、ストレスがたまるという結果になります。

●長所伸長法で道を拓く

ところで、経営コンサルタントで有名な船井幸雄氏をご存じでしょうか。この方の経営に対するアドバイスは天才的です。多くの会社が経営改善されたり、事業拡大したりしていきます。経営の重要ポイントに挙げている姿勢はいくつかあるのですが、その一つに「長所伸展法」というものがあります。どんな会社でも、自社の特徴を活かして長所を伸ばしていったら必ず発展するというものです。どんなに小さな会社でも、どんなに業績が厳しい会社でも、必ずどこかに長所があります。価格面やサービス面、立地条件、商品力、社員の人柄など、何か一つでもよいのです。その長所を探して、伸ばしていくことが大切です。「ここだけは、他社に負けない！」というような独自の個性を発見することであり、つくることです。

船井幸雄氏は、企業診断をするときに、課題点を探すよりも改善点、長所を伸ばすポイントを探します。一般的なコンサルタントは、課題を見つけて改善するという視点です。「長所伸長展的コンサルタント」は画期的な変化をもたらしました。

著書の中に、次のように説明されています。

「すべての存在は使命や役割を持って生まれてきています。その使命や役割は、長所や得意なことを活用することで果たせるようになっています。そうするならば、自分のためだけでなく、世の中や人の役に立つことができるのです」

このように、企業だけではなく個人も同じでしょう。自分の長所を見つけ、伸ばすことが人生の成長の秘訣ではないでしょうか。

ここで問題になるのが、自分の短所だけが気になって長所を探せない人です。その場合は、視点の転換が必要です。会社の長所を探すときは、顧客の目線で考えることが大切です。どのようにしてもらったら嬉しいか、どのようなサービスを提供したら便利か、どのような商品があったら欲しくなるのかを考えると様々な可能性が出てきます。会社の存在は「顧客のために」と考えるところから価値があらわれます。同じように、自分の個性や価値というものは、自分だけを見つめて探すよりも、相手のためにどのように活用するか、役に立つかという視点から発見できるものです。

自分自身の価値や個性というものは、相手のために用いるときに大きく発揮されるものです。

「自分、自分」という視点では発見できず、「相手のために」という愛を動機にすると、自分の性格に合った有効な生き方、やりがいある生き方が発見でき、個性を活かすきっかけになることでしょう。

●自己肯定すると人間関係が変わる

まずは、自分に対してみるときに、否定的な眼鏡を外して、肯定的な目で見つめてみましょう。新たな発見があることでしょう。このように自分に対して肯定的に見つめられる人は、周りの人に対しても肯定的な目で見つめることができます。人間関係を築くのが上手な人は会話の中に「相手に対する肯定感が強い」という特徴があります。肯定には、「相手の存在や考えを尊重する心」が含まれています。

凡人は、自分に対して否定的に見るだけではなく、人に対しても否定的に悪いところを探しがちです。一方、人間性の高い人は自分に対して肯定的に見ると同時に、人に対しても良いところを注目して見る特徴があります。

人は短所を探そうとすると、どんな人も悪者に見えていきますし、長所を探そうとすると、短所は全く気にならなくなります。いわゆる、長所しか見えません。人の良いことを探したり、認めたり、ほめたりすることは、相手もそうですが、自分自身も嬉しくなるものです。

このように、「自己を肯定する力」を身につけるならば、自分だけではなく相手も肯定できるので人間関係がスムーズになり、人生を肯定することができるので前向きな生き方を維持できます。目の前に様々な逆境や困難があっても、悲観的にとらえるのではなく、肯定的に、建設的に考えることができるでしょう。自分の個性を伸ばし、可能性を引き出し、限りなく成長するポイントは「自己を肯定する」ことです。といっても、傲慢性や自己中心性は、人生を不幸に導く要素ですから、否定しなければなりません。そのような自己中心的な傲慢性ではなく、自分の存在や価値を誇る「自己を肯定する心」こそ、幸せの礎になります。

まとめ

- 自分の長所を探してみましょう。
- 否定的な固定観念を持っていないか再確認しましょう。
- 肯定的な目で自分を再確認しましょう。
- 長所を伸ばす努力をしましょう。
- 周りの人をも肯定的に見て、受け入れましょう。

実践しましょう

否定形の固定観念がないか再確認し、自分の長所をできるだけ多く書き出してみましょう。数多く書いた分だけ否定的な思いが消えていきます。

10 人との違いを認める「包容力」

●人は誰もが唯一無二の存在

小さな子供は、自分の物差しですべてをはかろうとします。自分が嫌いなものは、他の人も嫌いだろうと考え、自分が好きなものは他の人も好きだろうと考えるように、自分と同じだろうと見つめる傾向があります。しかし、成長していく中に人それぞれだということが徐々に分かってきます。このように、人間は一人ひとりそれぞれ違った個性を持っており、好みも、感じ方も、表現の仕方も違います。顔かたちが似た人、性格が似た人はいますが、全く同じ人はどこを捜してもいません。

神様が無限であるように、神の子である人間も多くの人がいたとしても、それぞれが「唯一無二の存在」です。釈迦《しゃか》が「天上天下唯我独尊」（天上にも地上にも我ただ一人尊し）と言われました。

例えば、この世の中に「たった一つしかない、ここにしかない、他にはない」としたら、そのものの値打ち、価格の違いにかかわらず、貴重なもの、貴いもの、宝物となります。同じように、人間は一人ひとりがその人にしかない個性を持っているのですから、存在していること自体が尊い価値があると言えます。何か行ったことの良し悪しや能力や才能の度合いで価値が決定するのではありません。ある家庭に子供が五人いたとします。一人の子供が死んだ場合、四人残っているといってあきらめることができるでしょうか？　五人いるからといって価値が五分の一になるのでしょうか？

一人ひとりには、それぞれ絶対的な価値があります。このように、一人ひとりの尊い価値を認識するとともに、みな違いがあることを受け入れることが大切です。しかし、多くの人は無意識のうちに、人と比較して判断したり、自分の個性という尺度で相手を見たりするものです。そうすれば、当然理解できないことが多くあるでしょう。家族の中でも親子の世代のギャップもあり、夫婦の育ちの違いもあり、男女という違いも、兄弟の性格の違いもあります。

●男女の特徴と違い

特に、男女というものは根本的に違います。プラスの尺度でマイナスを見たら異常であり、マイナスの尺度でプラスを見たら異常です。男性には女性が簡単には理解できませんし、女性には男性が理解できないものです。

具体的に家庭生活の中で説明するならば、女性は何でも話せる間柄になりたいと思い交流しますが、男性は何も話さなくても分かり合える間柄になりたいと思う傾向があり、かみ合わないことがあります。まさに、「しゃべりたい妻」と「黙りたい夫」が同居するのですから、すれ違う可能性が大きいのです。男女の話をする動機も違います。男性は「要件があるから話す」「必要だから話す」というように必要性、実用性から口を開くことが多いものです。しかし、女性は「話したいから話す」「聞いてほしいから話す」「共感してほしいから話す」というように親密性、信頼性を深めようと交流することがあります。ですから、女性から男性を見たときに、結論や要点のみの話が多く「簡潔すぎて味気ない」と感じてしまいますし、男性から女性を見れば理論性もなく話し続けるので「長々と回りくどい」と感じるようになります。

夫婦の会話でも、夫が妻に「結局、何を言いたいんだ」とか、「理論的に見ればおかしいんじゃないか」と理論性や簡潔性を要求すると、妻はさらに感情的になり、話がもっと支離滅裂になって長くなったりします。このように表現方法が違うし、とらえ方が違うし、求めるポイントが違います。家庭や生活に対するイメージも、女性は自分の部屋や家庭が「楽しく交流する場」であり、男性は「ゆっくりと休む場」とも言えます。

さらには、男女の買い物に対する感覚も違います。女性は安いものなら必要がなくてもつい買ってしまうことがあり、男性は必要なものであれば借金してでも買おうとします。また、女性は隣の人が持っていると買いたくなり、男性は隣の人が持っていないと買おうとする傾向もあります。女性は週刊誌のスキャンダルコーナーが気になるように失敗談に興味を示し、男性は苦労の中から見事に成功したという、何かと成功談に興味を示すとも言われます。このようなことは、当然個人差がありますから、一概には言えませんが、その違いは驚くほどです。

●違いを認め受け入れる

このような違うことが問題ではなく、違いを受け入れることが大切です。妻が夫と違うといって葛藤していたり、夫が妻と違うといって葛藤したりする話は多く聞きますが、これは問題ではありません。「違い」を同じにしようとするから葛藤するのであり、違いを認めてみましょう。「包容力」を持って受け入れてみるならば、人生は楽になります。葛藤しているということはどういうことかというと、相手を通して成長させていただくことであり、相手は私の愛を育んでくれる恩人だととらえてみたらどうでしょうか。

極と極ですから、簡単に理解できませんし、一つになることもできませんが、お互いに研究しがいがあると、楽しむことも必要です。互いに違うから価値があるのです。包丁とまな板があって料理ができますが、包丁、まな板とまな板では料理ができません。また鍋と蓋があってセットにして活用できるのであって、蓋が二つあってどうするのでしょうか。違うものほどセットとして受け入れてみましょう。

自分の個性を自分のために使おうとすると価値が見いだせません。お互いのためにその個性を使うことが、個性を活用するポイントです。音楽も高音と低音の調和、ハーモニーが人の心を感動させます。自然も山と谷、森と湖などのように極と極の様相が調和しているところは感動的な美を見せてくれます。このように、違うと言って葛藤したり、要求したりするのではなく、受け入れましょう。

夫婦の発想の仕方、愛情表現の仕方などあらゆる面で違っても、大きな心で、お互いの違いを認めてみましょう。自分の思いどおりにならなくても、「私の言うことを聞かない」「私を愛していないんだ」と誤解しないことが大切です。

●「個人主義」から「関係主義」への発想転換

では、どのようにしたらよいのでしょうか。

まずは「個人主義」の発想から「関係主義」の発想への転換です。個人主義とは、すべての発想が「私」「個人」から出発します。しかし、これは孤独な発想であり、自己中的な発想と言えます。私たちの人生は一人では成り立ちません。誰でも生まれるとき、自分自身だけという概念はありません。いかに立派な人であっても、自分一人で立派に生まれついたといえる人は一人もいません。ですから、個人主義というものが存在する根拠がないのです。

男性は女性のために存在し、女性は男性のために存在するのです。親は子供のために存在し、子供は親のために存在します。私はあなたのために存在し、あなたは私のために存在するという考え方、まさにこれは「セットだ！」と考える「関係主義」です。人と人との関わり合いを通じて幸せになれるものです。このように、まずは発想の転換が大切です。

●相手を理解し受け入れる「包容力」

もう一つは、相手を受け入れる「包容力」を持つということです。違いにこだわらず受け入れましょう。そのために、相手に関心を持ち、理解し、尊重する姿勢が必要です。時には、質の良い時間、水入らずの時間、穏やかに話せる時間を持って交流することも大切です。自分の生い立ちや家庭環境などを話してあげる。相手の生い立ち、家庭事情、やってきた勉強、仕事、趣味、若い頃からの夢などをじっくり聞いてみる。そうすることで、相手の考え方や態度が理解できるようになります。誤解や不信が解け、相手の気持ちが分かるようになります。また、相手の長所や素晴らしい面を発見することもできるでしょう。親子間においても、子供の話にじっくりと耳を傾けてあげる時間を持つことです。意外と、食事しながら、テレビを見ながら、仕事をしながら、家事をしながら、という場合が多く、よく聴いてあげていない場合が多いものです。

さらに、そこには自由に話せる雰囲気が大切です。誘導尋問するような雰囲気、警察の検問のような雰囲気では有効な話し合い、交流はできません。じっくり話し合うならば、改めて子供の気持ちを理解したり、家族や友人の気持ちを理解する貴重な時間となることでしょう。

また、交流といっても話し合いだけが交流ではありません。相手の趣味や好きなことを一緒にやってみることも相手を理解する、一つになるきっかけになります。山が好きな夫と海が好きな妻では、お互い行きたい場所が異なります。しかし、夫の好きな山で楽しんでみましょう。妻の大好きな海で楽しんでみましょう。そうするならば、新しい発見や今までと違った喜びを味わうこともできるかもしれません。私は好きではないから、と好みにこだわっていて自分の成長もありません。

時には、子供の好きなことを一緒にやって遊んでみましょう。楽しいこと、好きなことを共有することは、相手を尊重することであり、相手の気持ちを共感することになります。幸せな人生を味わうためには、自分の喜びだけを求めるのではなく、相手の喜びにも積極的に共感する姿勢が大切です。

成功する生き方、幸せな生き方、愛ある生き方とは、ひと言で言えば「ために生きる生き方」です。しかし、根本的には私たちの生まれたこと自体、「ために生まれた」のではないでしょうか。ために生第一の能力　受け入れる（インプット）まれ、ために生き、ために死ぬ「愛の人生」としてとらえたら幸せになることでしょう。

まとめ

- 自分流を無理に押し付けないようにしましょう。
- 人それぞれが唯一無二の存在であることを受け入れましょう。
- 人との違いに注目してみましょう。
- 「個人主義」から「関係主義」の発想を持ちましょう。

・相手を受け入れる「包容力」を磨きましょう。

実践しましょう

家族、友人など相手との違いを探してみましょう。どちらが良い悪いではなく、客観的に違いを発見し受け入れてみましょう。

・私の個性

・相手の個性

第二の能力

伝える（アウトプット）

11 人生を豊かにする「愛の表現力」

●「伝えた量」より「伝わった量」が大切

人生を豊かに生きるということは、愛に満ちた人生にすることと言えます。そのためには、人間関係の中で「愛し上手・愛され上手」「与え上手・受け止め上手」になることが大切な要素です。幸せな関わり上手になるためには、愛の表現力が必要です。

例えば、ある親子間において、親は子供を大変愛していたとしましょう。しかし、子供に聞いてみれば「私は親から愛されなかった！」と表現することは少なくはありません。これは、親が愛していたのも事実であり、子供が愛されなかったと感じたことも事実です。問題は親の愛が子供に届いていないということです。思いがあることと相手に伝わっていることとは違います。思いを表現してこそ、相手に伝わるものです。
コミュニケーションの充実度は、伝えた量ではなく、相手に伝わった量で決定します。ですから、相手にしっかり伝える表現力が大切になります。愛は心の中にしまっておくだけではなく、積極的に表現し表面化させることで実ります。表現力は上手な人もいますし、下手な人もいますが、誰でも磨けば磨くほど身についていくものですから、意識して行動してみましょう。

●「言葉・態度・文章」の表現手段

では、相手に思いを伝える愛情表現の手段は何でしょうか。大きく分けたら次の三つになります。それは「言葉」と「態度」と「文章」です。「話し方・語り方」などの豊かな言葉の表現力、「表情や行動」などの態度の表現力、「手紙や書面」などの豊かな文章力などは人間関係の豊かさを決定付ける能力でしょう。一つ一つ確認していきましょう。

まずは、「言葉の表現力」です。思いを言葉化して表現することは基本的なことであり、最も重要なものでもあります。日頃の生活で、思いを言葉にして表現しているでしょうか。愛情表現の第一歩は「挨拶」です。家族の中でも朝晩の挨拶や食前・食後の挨拶は当然のことですが、案外ないがしろにする場合もあります。何気ない挨拶をおろそかにしていると、いざという重要なときにコミュニケーション不足で大きなすれ違いになったりするものです。身近な人から、些細で小さなことに対しても笑顔で元気良く挨拶をしてみましょう。

「ありがとう」「ご苦労さん」「お疲れさま」「気をつけて」「今日の食事は美味しいね」「その服よく似合うね」「いつも助かるわ」「頑張ったね」「お父さんってすごい」「パパ大好き」「お母さんのおかげだよ」など、日常の様々な場面で言葉に表して表現しましょう。言葉で表現しようとすると、思いも深まっていくものです。日頃から、挨拶の交流をしていくと、お互いに本音の話し合いがしやすくなり、自然と愛と感謝の言葉が深まっていくことでしょう。

しかし本音といっても、愚痴や恨み言は話せば話すほど、その時はスッキリしても根本的に力を失っていく交流になってしまいます。このように、言葉に表した交流が大切です。「分かっているはずだ」「分かってくれるだろう」と思い込む「暗黙の了解」というものは、大きな勘違いを生む可能性がありますから、言葉で伝える努力をしてみましょう。

自分がどのような言葉を使うかは、相手にとっても、自分自身にとっても想像以上に大きな影響を与えるものです。言葉によって人生はコントロールされていくと言ってもよいでしょう。なぜかと言うと、言葉は心をコントロールするからです。どんな言葉を口にするかで、心の在り方が決定されます。「口癖は心の鏡」と言われます。使っている言葉のように、人生がそのようになっていくのです。ですから、言葉を正しく使うことで人生が変わります。口癖が変われば人生は変化するということです。

●ツキを呼ぶ魔法の言葉

五日市剛《つよし》さんという方が本や講演会で「ツキを呼ぶ魔法の言葉」があると強調されています。五日市さんは大手企業で新規事業や研究開発に従事している工学博士です。二十六歳の時にイスラエルを旅行し、その時の経験がきっかけになって人生がツキまくりになったそうです。それはイスラエルのおばあさんと出会い、魔法の言葉を教えてもらったことにあります。

そのおばあさんは、「これさえ唱えていれば、誰でもツキっぱなしになる」という魔法の言葉を二つ教えてくれました。それは「ありがとう」と「感謝します」という言葉です。ありふれた当たり前の言葉ですが、これらの言葉を使い分けたら効果的であるというのです。まず、「ありがとう」は、「有り難し」というように本来何か良いことがあったときに使う言葉ですが、反対に何か嫌なことがあったときに使うと効果的だというのです。

普通、嫌なことが起こると嫌なことを考えます。そうすると、また嫌なことが起こるものです。そこで、「ありがとう」と言うと、不幸の連鎖が断ち切れるだけではなく、逆に良いことが起こるといわれます。ちなみに五日市さんは、車で二回事故を起こしたそうですが、そのときも、とっさに「ありがとう」と言ったら、大事に至らなかった上、その後も相手の方と家族ぐるみのお付き合いをされているそうです。事故が貴重な出会いとなったのです。

もう一つの「感謝します」は、天気が晴れてほしい時に、晴れたら「感謝します」というように、何か良いことがあったら言う言葉です。しかし、この言葉は起こっていない未来のことでも、「一週間後、○○に合格させていただき感謝します」とイメージしながら言い切ると、本当にそうなってしまう不思議な言葉でもあります。五日市さんは、卓球を趣味でやっていますが、市のチャンピオンと対戦した時、「相手のサーブをうまく返せて感謝します！」と思いながらやったら、三回戦とも勝ったという体験があるそうです。

このように、嫌なときほど「ありがとう！」、未来のことでも「感謝します！」と言い切ることが、幸せな未来をつくる秘訣のようです。これからは、「危ない」「困った」「ひどい」「疲れた」「しんどい」と言う代わりに、「ありがとう」「感謝します」と表現しましょう。自分の使う言葉で人生が左右されるのですから、愛の言葉を積極的に表現したら愛が実ることでしょう。

●体で愛を表現する

次に、「態度の表現力」です。言葉の表現も重要ですが、その言葉をどのような表情で表現するか、どのような身振りで表現するか、その後どのような行動で表現するかなど、態度、行動での表現力も大切になります。もし、言葉があっても行動が伴わなければ、その言葉は色あせて力を失ってしまいます。優しい言葉とともに優しさを行動で表す、思いやりの言葉とともに思いやりを行動で表す、愛の言葉とともに愛の行動で表すのは重要なことです。態度は、時には言葉以上に影響力があるものです。

具体的には、「笑顔」「手伝い」「肩もみ・マッサージ」「掃除」「プレゼント」「抱擁」「朝の見送り・夜の出迎え」「好きな食べ物を準備」「風呂で背中を流してあげる」など態度で、体で表現することです。人それぞれ表情が違うように、行動、態度の表現も人それぞれ違います。その個性を生かしながら、実践することと継続することが大切です。

●心に刻まれる手紙

三つ目が「文章の表現力」です。言葉や態度も重要ですが、手紙などのように文章で表されたものは、違った効果と影響力があります。

今までもらった手紙やメールの文章に感動して、忘れられない思い出になったことはないでしょうか。言葉や態度などの直接的な接触の交流も良いのですが、文章は何度も繰り返し読めるので印象深く心に刻まれるものです。内容が感謝や愛の表現であっても、依頼や断りの内容であっても、文章ならば冷静に受け止めやすいことも特徴です。

表情や話し方でその人の人柄が伝わるように、書いた文字や文章の表現の仕方で、人柄まで伝わるものです。また、書く側にとっても、書きながら心が整理されたり、思いが深まったりします。文章は書けば書くほど、表現力は豊かになるし、磨かれていくし、さらには思いも深まっていくことを知らなければなりません。

日頃、言葉で言えないことでも文章で表現してみましょう。「いつも感謝しているよ」「君と結婚して良かった」「自分は幸せ者だ」「君のおかげだ」「君をもっともっと幸せにしてあげたい」「あなたのことを信じています」「あなたのおかげで、とても幸せです」など、その人を前にしたら、なかなか言えない内容も案外、文章では表現できるものです。また、親子の間でも、親から子へ、子から親への感謝や愛の表現は、心を結ぶ架け橋になり、良き思い出になります。

まとめ

- 思っているだけではなく、積極的に表現してみましょう。
- 思いを肯定的な言葉で表し、口に出す習慣をつくりましょう。
- 笑顔などの表情・身振り・手振り・声の表現・行動・態度の表現力を磨きましょう。
- 思いを文字・文章に表し、相手に伝えましょう。
- 愛情表現が豊かな人になりましょう。

実践しましょう

身近な人に対して愛と感謝の思いを表現してみましょう。

誰に‥

どのような‥

12 人生をプラスに導く「肯定的言葉力」

●「肯定的な言葉」を表現する

コミュニケーション能力の「伝える力」を伸ばしていくために大切なのは、言葉を上手に使うことです。私たちは日頃、使う言葉によって、コミュニケーションがうまくいったり、うまくいかなかったりします。言葉には、幸せに導く言葉と不幸に導く言葉があるということです。幸せ言葉とは、人生を肯定的な方向に導く「肯定的な言葉」です。

言葉は相手に与える印象を決定するだけではなく、自分の人生にも大きく影響します。例えば、肯定的なプラスの言葉を使えば、自分自身の心は肯定的なプラスの感情になり、否定的なマイナスの言葉を使えば、否定的なマイナスの感情になったりするものです。今の心の状態は、過去に使った言葉が影響し、実現しているものと言えます。まさに、どんな言葉を使うかで人生が決定する、「言葉が人生を創る」ということです。

ですから、「美しい言葉」を使う人は、「美しい人生」となり、「汚い言葉」を使う人は「汚い人生」となります。「肯定的な言葉」を使う人は「肯定的な人生」となり、「否定的な言葉」を使う人は「否定的な人生」となるということです。このように、言葉には人生を左右するような、大きな影響があるものです。

聖書にも「言葉の大切さ」を強調する聖句があります。「初めに言があった。言は神と共にあった。言は神であった。すべてのものは、これによってできた。できたもののうち、一つとしてこれによらないものはなかった」（ヨハネ1・1）。このように、神様は言葉によってすべてを創られたということです。私たちの人生も言葉によって創られています。

●「言葉」が人生を創る

私たちは日頃、どのような言葉を使っているでしょうか。意外と、同じような言葉を繰り返し使いやすいものです。そこで、「口癖は心の鏡である」という言葉があるように、言葉は心の反映です。例えば、「困った！　困った！」という言葉を口癖とする人がいたとすれば、その人の人生は、ずっと困ったことの連続でしょう。なぜかというと、「困った」と言いながら、困るような現実を呼び込む人生を自分が創っているからです。いま一度、私たちの言葉を再確認して、人生を再創造していきましょう。

「言葉」を変えることを通じて「意識」を変えることができます。意識を変えることで「心」を変えることができます。心が変われば「人生」が変わっていきます。ですから、どのような自分になりたいのか、どのような人生にしたいのか、どのような人間関係をつくりたいのか、明確にして言葉を選択していきましょう。

また、子供の成長過程を見ても、言葉が重要です。人間の生き方のパターンがつくられる満二歳くらいまでの間に、お母さんから「かわいいね」というような「愛語」をもらうことや、スキンシップをしてもらうことが重要のようです。大きくなってから非行に走ったり、情緒障害などの問題を起こしたりする子供がいますが、その原因は何でしょうか。小児科のお医者さんたちは、その原因として「乳幼児期の母子間のコミュニケーション不足」を挙げています。やはり、親子の言葉の交流が子供の心を育むということです。ですから、「言葉は心を育てる母乳である」という諺《ことわざ》は、まさにそのとおりです。

心の成長というものは、人と言葉を通じてコミュニケーションを図ることや、良い本を読むことや、大きな声で歌を歌うことなどの体験を通してなされることが大きいのです。耳や目を通して入ってきた言葉は、人間の潜在意識へと深く浸透していきます。言葉は生きていますから、潜在意識に蓄積された言葉は人間をコントロールし始めます。良い言葉がたくさん入った子供は、言葉に込められた良き命が子供を動かしていくし、子供の心もそれを実現しようと働くので、結果的にその子の人生は良い方向に転換していくわけです。ですから、「美しい心は美しい言葉から生まれる」といわれるのです。

●「メリット強調表現」が人を動かす

このように、言葉が人生に与える影響は大きいということです。では、どのような言葉が良いのでしょうか。人間関係でも、どのような言葉を使えば、相手が受け止めやすくなるのでしょうか。

ここで、興味深い資料を紹介します。まず初めに、アメリカでの驚異的な成績を上げた「禁煙プログラム」です。禁煙しようとしている人に、従来のように「たばこは病気になる」「ガンの原因になる」と言って、「我慢しなさい」と強調しても効果はあまりありません。そこで、逆に禁煙のメリットを考え、たばこなしで生きられることがいかに素晴らしいか、というメリットを伝え始めたら禁煙する人が増えたといいます。さらに、「たばこは好きでないのだ」という自己暗示をかけたり、たばこのない素晴らしい人生をイメージできるように助けるプログラムでした。この徹底的なプラス思考での禁煙プログラムが驚異的な効果を上げたといいます。このように、「してはいけない」「しないように」という言葉よりも、メリットを強調すると、人は「やりたくなる」ようです。

また、公衆トイレの表示も時代とともに変化しています。以前は、「汚すな」とか「きれいに使いましょう」という言葉が多かったのですが、最近は「いつもきれいに使っていただきありがとうございます」とお礼まで書いてある場合が増えました。使用する立場の側から見ると、命令されるよりも、肯定的にお礼までされると、汚せないという思いが出てきたり、きれいに使おうという意欲が出てきます。このように、肯定的な表現のほうが人の気持ちを動かすということです。

また、野球などスポーツの場合も同じです。例えば、コーチがバッターに「高めのボールは速いので手を出さないように！」とアドバイスをしたとしましょう。しかし、かえって高めのボールに対する強い意識があるので、つい手が出てしまいやすいものです。それよりも、「低めのボールをねらえ！」というアドバイスであれば、高めのボールに対する意識はなくなります。このように、「するな！」「やるな！」というよりも、「してみなさい！」「やってみなさい！」と、肯定的な表現のほうが効果のあるアドバイスとなることでしょう。

このようなことは、私たちの人生すべてにわたって当てはまることではないでしょうか。例えば、「失敗しないように！」「離婚しないように！」というように、「しないように」とか「ならないように」という否定形での心掛けには、その逆の「失敗」や「離婚」がいつも見え隠れしているので、問題があります。それよりも、「成功する」「幸せな家庭になる」というように肯定的に意識し表現することが大切となります。

●注目される「肯定心理学」

ところで、アメリカのハーバード大学で、最近、学生たちに大変人気のある授業があると聞きました。それは、「肯定心理学」という科目です。その科目を指導する担当教授によれば、一九六〇年代から最近まで、大部分の心理学者たちは病理学的モデルを通して心理学を研究し、発展させてきたといいます。病理学的モデルとは、疾病を研究する時、病気自体に集中し、研究する方法をいいます。すなわち、病気をよく理解し、研究すれば、それに対する治療の方法を探すことができるだろうし、そうすれば人間は健康になるだろうと信じてきたのです。しかし統計を見てみると、予想とは反対の結果が出たのです。病気に対する集中は、患者をより憂鬱にし、治療効果がより低くなったというのです。

そんな中、一九九八年、セリグマン教授（Dr. Seligman）によって肯定心理学が発表され、二〇〇二年から授業で紹介されました。肯定心理学では、患者に「あなたが今病気にかかって憂鬱なのは、あなたが良い行動、健康な習慣をつくらなかったからです」といいます。肯定心理学は疾病、それ自体に集中するのではなく、より根本的な内容、すなわち健康な行動、健康な習慣に集中するのです。肯定心理学は、疾病治療に相当効果がありました。去る五十年間、治療の成果が上がらなかった「鬱病」の統計資料に、画期的な変化が起きました。肯定心理学を通し、多くの患者たちが良い治療結果を得ているというのです。

このように、肯定的な視点、肯定的な理解、肯定的な言葉が、人を動かすということです。では、私たちも、日々の生活で、つい使ってしまいがちな「否定的な言葉」を「肯定的表現」に変えてみる工夫をしてみましょう。そうすれば、自分の感情、相手の感情に良い影響を与えていくことでしょう。例えば、よく使う言葉、「すみません」という言葉は、優しく丁寧な言葉ですが、「ありがとう」と感謝を表現したほうが、相手の心には嬉《うれ》しく伝わるものです。また、「疲れた！」という言葉よりも、「今日はよく頑張った！」という言葉へ。「運がない」という言葉よりも、「いい勉強になった、これから必ず運が良くなる」という言葉へ。「貧乏ひまなし」という言葉よりも、「金持ちになるために忙しい」という言葉へ転換してみたらどうでしょうか。同じような意味であっても、否定的な表現と肯定的な表現では、与える影響が大きく違います。

このように、言葉が人生を創ります。「感動した言葉」「心に残った言葉」を意識して口癖にしてみましょう。神様の喜ぶ言葉を意識して選択していくならば、神様が私たちの人生に幸福をもたらしてくれるでしょう。

人間関係も同じです。人の長所を探してみましょう。その長所を認め、ほめていくならば、相手も喜びます。さらに、人の長所を探そうとすると、短所は目に入らなくなります。人に対する見つめ方を変えることで、コミュニケーションは豊かになります。

まとめ

- 言葉が人生を創ることを意識してみましょう。
- 言葉を肯定的な表現で表してみましょう。
- 否定的な口癖がないか再確認してみましょう。
- 人を肯定的に認め、肯定的表現でほめる工夫をしてみましょう。

実践しましょう

いつも使う口癖を探してみましょう。さらに、今後身につけたい口癖を肯定的な言葉で表しましょう。

今までの口癖：
これからの口癖：

13 信頼関係を築く「ほめる力」

●心と心をつなぐ「ほめる力」

人間関係を深めるためには、「信頼関係」というものが不可欠です。それを築くには、「ほめる」ことが効果的です。「ほめられたい」という気持ちは、万民が共通して持っているものです。ほめられることは、自分の存在が重要なものだと認められることです。自分の才能や能力や努力が評価されますから、自尊心が満たされ、やる気も出ます。ですから、ほめてくれた人に対しては、強い好意や信頼が生まれます。

ほめることを意識すると、人を見る目が変わります。ほめる点を見つけるのは、叱る点を見つけることに比べると難しいものです。人の欠点は見ようとしなくても見えますが、長所はその気にならないと見えません。それだけしっかりした観察眼が必要です。人を観察する能力が自然に養われます。「ほめる」と「叱る」は、人を評価したり判断したりする視点が一八〇度異なります。軸足を「叱る」から「ほめる」に移すと、人の見方が変わります。人を見る目、物事のとらえ方、考え方がソフトになり、柔軟になり、肯定的、受容的になります。

●「視点」を変えたら見方が変わる

人を判断する仕方や見つめ方は、大きく二つに分けることができます。できないことを数える「減点主義」と、できることを数える「加点主義」です。これらは、評価が正反対になります。同じ点数でも、テストの用紙に×だけがついているより、○だけのほうが「よくできました」とほめられているようで気分がいいものです。このように、人をほめるには「加点主義」が適しています。さらにもう一歩進めて、欠点も長所として見る「逆転主義」という考え方があります。欠点も、観点を変えてみたら長所になることは多くあります。

一見して「ほめどころがない人」をいかにほめるのか。ここで重要なのは、「視点を変える」ということです。自分なりの解釈を最大限に活用し、人の見方を変えてみることです。実際、人間の短所と長所は表裏一体になっていることが多いものです。一般的にマイナス面と評価されている部分も、肯定的にとらえることは不可能ではありません。どういう分野であれ、短所を無理に克服するより、長所を伸ばしたほうが、上達が早いものです。

日本は、どちらかというと減点主義の傾向があります。今日の日本に必要なのは、それとは真逆の「称賛」の文化であり、人をほめ、人を励まし、やる気や意欲を持たせることが大切ではないでしょうか。

例えば、「仕事が遅い」という欠点も、見方を変えれば「丁寧な仕事をする」となります。「自己主張が強い」人も、見方を変えれば「自分の考えをきちんと表明できる」人かもしれません。「決断力がない」という人も、「物事に慎重にあたる」よさを持っているかもしれません。「周囲との協調性がない」という人も、「自分をしっかり持っている」という個性かもしれません。「何事も批判的に見る」という人も「観察力が鋭い」という特性があります。「何かと手を抜く」という人も、その性格を生かしたら「効率的な方法を探す」という能力があるのかもしれません。

このように、欠点と思われるものも、見方を変えれば「長所」や「個性」として見ることができるし、その人の人間性を高めるポイントになったりします。しかし、逆に「悪く、悪く見る」という人もいます。「明るい人」も見方によっては「軽い人」としか見えません。「ユーモアのある人」というのも「不真面目な人」、「まじめな人」も見方によっては「堅物」となるでしょう。このように、長所も見方によっては短所としてとらえる人もいます。何よりも、「視点を変える」ということであり、「幸せ色の眼鏡をかける」ことが大切です。

●ほめることの「五つのパターン」

では、「ほめることの五つのパターン」について説明します。「ほめる」といっても、相手の長所を、ただ称賛するだけが「ほめる」ということではありません。次の五つのパターン、五段階に分けることができます。

第一段階は「認知」です。相手の存在を知り確認するということです。メッセージとしては、「あなたのことを知っていますよ」という認知です。例えば、挨拶をする、名前を呼ぶ、黙礼する、近寄るなど、交流の出発です。「存在を認めてもらう」ということは、些細なことですが嬉しいものであり、信頼関係の基礎になるでしょう。

第二段階は「関心」です。相手の存在や言動に関心を持つことです。メッセージとしては、「あなたのことを見ていますよ」という関心です。例えば、「この間、イベントの係りをしていたね」とか、「会議でよく発言していますね」というように、関心を持つという姿勢です。関心を持つことは愛の出発点であり、嬉しいものです。小さな変化であっても、気づいてコメントする小さな親切が大切です。

第三段階が「理解」です。相手のことを把握し理解することです。メッセージとしては、「あなたのことを分かっていますよ」という理解です。例えば、「あなたは、パソコンに詳しいんですね」「君は、数字に強いんですね」というように、分かってもらう、理解してもらうことは嬉しいことです。反対に、「どうして、分かってくれないんだ」と怒る人は多いですが、「どうして、分かってくれるんだ」と怒る人はいません。このように、誰もが「分かってほしい」という欲求を持っているということです。

第四段階は「是認」です。否認の反対が是認ですが、プラスをもたらしてくれていると認める姿勢です。メッセージとしては、「あなたはプラスをもたらしています」というものです。例えば、「いつも美味しい御飯を準備してくれて助かる」「いつも家族のために仕事をしてくれてありがたい」と、プラスをもたらしてくれていることへの確認の姿勢は嬉しいものです。プラスの貢献や努力に対して正しい評価をすること、当たり前ととらえず、感謝を表すことが大切です。

最後の第五段階が「称賛」です。相手のことを高く評価することであり、メッセージとしては、「あなたは素晴らしいです」という称賛の表現です。例えば、「君のプレゼンはすごく分かりやすかった」「あなたの営業力は抜群です」というように、相手の良いところを積極的に評価することです。人を見たら「けなしたくなる人」ではなく、人を見たら「ほめたくなる」という人になりましょう。このように、「称賛上手」「ほめ上手になる」ことが大切です。ほめ上手になると同時に、「ほめられ上手」になることも大切です。

日本人は謙譲を美徳として目立つことを嫌うせいか、ほめられることを嫌がったり、敬遠したりする場合もあります。しかし、ほめられたら素直に受け止めましょう。ほめられたことに感謝しましょう。ほめられ上手になるならば、ほめられることの心地良さ、相手に対して自然に湧く好意や親近感を感じることでしょう。ほめられることの良さを実感すれば、人をほめることに躊躇《ちゅうちょ》しなくなり、進んでほめる気になります。

五段階のほめるについて説明しましたが、ただ単に、ほめればよいのではなく、日頃からこのような段階を踏んで、称賛する文化をつくることが必要です。

●「ほめる工夫」は人間関係を豊かにする

また、ほめるにおいても工夫があったらもっと良いでしょう。伝聞体で間接的にほめ言葉を伝達するのも効果的です。「社長があなたのことをほめていたよ」「お父さんがあなたのことをほめていたよ」と聞くと、直接言われるよりも嬉しく感じることもあります。単なるお世辞ではなく、本当にほめてくれたという実感が伴います。誰かのほめ言葉を聞いたら、しっかりと記憶して、機会があれば、その本人に伝達してあげる配慮と関心と意識を持つことが思いやりです。

ところで、私たちはどれだけ「ほめ言葉」を持っているでしょうか。ほめ言葉の語彙をたくさん持つならば、その人に合ったほめ言葉が、その時々に合わせて様々に出てくることでしょう。しかし、ほめ言葉といわれても、なかなか出てこないものです。そこで、あらかじめ考えつく限りのほめ言葉をノートに書き出すなど「ほめ言葉リスト」のようなものを作ってみれば、自分のほめる力の度合いが見えてきます。ほめ言葉を増やし、意識して毎日口にすると習慣になります。例えば、「毎日、誰かをほめる」ことを日課にすれば、生活の中に定着するようになります。人をほめることが定着すると、当然、人間関係も良くなるでしょう。そして、自分をも肯定的に受け入れることができるようになり、人生全体が肯定的になっていきます。

まとめ

・ほめることで信頼関係をつくりましょう。
・「叱る」から「ほめる」へ視点の転換をしてみましょう。
・「減点主義」から「加点主義」「逆転主義」に意識を変えましょう。

・「心のこもった一言」を積極的に表す感情表現をしましょう。
・「称賛文化」を生活の中でつくりましょう。

実践しましょう

家族の一人ひとりの良いところを探して、ほめてみましょう。

名前：

良いところ：

14 短く伝える「要約力」

●短く伝える能力

コミュニケーションを豊かにするためには、相手に自分の感情や情報を正しく分かりやすく伝えていかなければなりません。そこで、「伝える力」が大切になります。相手に思いや情報を伝えるとき、長々と話をする人がいます。ある人は三十分かけて話したとしましょう。しかし、聞いてみると要点は一つか二つぐらいであり、要約して話をしたら三分で終わる場合もあります。時間をかければ、相手に多く伝わるものでもありません。反対に、いろいろ話し過ぎて何がポイントなのか分からず、心に残らない話も多いものです。大切なのは、「伝えたいポイントを明確にして語ること」です。話しながら、何がポイントなのか分からずに話す場合、聞いている人はもっと疲れます。

時間を有効に活用する話し方をするのです。「時は金なり」と言うように、時間は財産です。時間というものは、誰にも取り戻すことのできない貴重な資源です。財産を奪われたら大騒ぎして「ドロボー」と叫ぶのですが、無駄な時間を過ごし時間を奪われたからといって「ドロボー」と叫ぶ人はいません。しかし、時間も共有財産であるという意識を持つことが大切です。

●「一分間」スピーチトレーニング

そこで、話をするときに、短く「一分で伝える技術」が身につけば、人間関係も、仕事も、人生すべてが充実していくでしょう。「一分で話す」「一分で質問する」「一分で叱る」「一分でほめる」「一分で説明する」……このように、一分に集約して語る感覚を身につけることができれば、豊かなコミュニケーションができます。一分は、一般的には短い時間としてとらえられることが多いでしょう。

しかし、テレビに出てくるアナウンサーや軽快に話をする司会者などは、一分の中に非常に多くのことを話しています。「残り十秒」と言われても、一般の人はその感覚が分かりません。しかし、アナウンサーなどは十秒の中に何文字ぐらいの話ができるか感覚でつかんでいます。

ですから、的確な軽快な話には無駄がなく、沈黙もありません。このように、一分という時間は短いというイメージがありますが、見方を変えれば、様々な話を盛り込むことができる十分な器と考えることができます。

そこで、「コミュニケーション論」に関する著書を執筆している明治大学の斎藤孝教授は、次のようなことを提案しています。それは一分でまとめて話す「一分間スピーチトレーニング」というものです。テーマを決めて、それに対して「一分間で要約して話をする」訓練です。これを繰り返すならば、コミュニケーション力を鍛えることができます。言いたいことを要約して表現する訓練です。「一分間スピーチトレーニング」を繰り返すことで、時間内にまとめる「要約力」がつきます。

短時間で成し遂げる「集中力」もついてくるでしょう。そうなると、勉強や仕事は確実に速くなります。時間内になそうとすれば、思った以上にできるものです。勉強や仕事は、基本的に効率を追求するものですから、時間感覚が鋭い人は勉強も仕事もできる人になります。このように、時間の使い方の上手な人は、話を聞いていても無駄がありませんし、無理やムラもなく、話がすっきりしているものです。

●「感動した出来事」を一分間で語る

例えば、「感動した出来事」というテーマで「一分間スピーチトレーニング」をするとしましょう。皆さんだったら、どのような話をするでしょうか。感動した出来事に関して、自分の体験でもいいし、聞いた話でも、見た話でもいいです。準備をした分だけ、相手に伝わります。

では、私の体験した「感動した出来事」を紹介しましょう。

「私は小学校三年生の頃から十年以上、剣道をやっていました。三百六十五日のうちに三百六十日以上は稽古するほどの学生生活でした。良い指導者と出会い、小学校から全国大会に参加し、高校の時は、インターハイや国体まで参加しました。その中で一番印象に残る試合は、高校三年の東北大会に参加した時です。大会二週間前に足をくじいて捻挫をしてしまい、ろくな練習もできず、当日になりました。当日の朝、再び同じところをくじいてしまい、『ボキッ』という音とともに激痛が走りました。しかし、個人戦出場なので、誰にも代われません。無我夢中で試合に出場していく中で、あれよ、あれよと勝っていき東北大会三位に入賞しました。試合後、医者に行ってみると骨折していました。振り返ってみると、痛みを超え『無我夢中』で取り組む中に、考えられない力が発揮されたように感じます。逆境の中の勝利は感動の思い出です」。

これは私が話をしたらちょうど一分です。このように、一分間といっても、意外に多くのことを語ることができるものです。約三百七十字ありますが、この中に学生時代の剣道をした思い出が凝縮されています。一分といっても、多くのことが話せるし、多くのことを聞けるものです。

●「キーワード」を準備する

そのためには準備が必要です。準備した分だけよいのですが、最低でも五分ほど準備時間があったらよいでしょう。始める前に、「話しておきたいキーワード」を極力多く紙に書いて考えることが大切です。次に、その中で最重要なものを選び、「これだけは必ず話す」言葉を選びます。その上で、最後に言い残す「決めフレーズ」をつくります。これが結論であり、話の骨格になるわけです。「決めフレーズ」とは、終了間際に締めくくるための、キャッチフレーズになるような一言です。このように、話のポイントは、紙に書いて準備するということです。頭の中で組み立てるだけでは、なかなか整理できません。

また、人それぞれ、話し方には癖があるものです。例えば、「え〜と……」「あの〜……」「それから……」「それでね……」などは、不必要に繰り返すと聞きにくいものです。口癖は、誰かに指摘してもらわないと気づかないかもしれません。機会があれば、周りの人に指摘をしてもらうことも大切です。また、自分の話を録音して聞いてみればよく分かります。本人は気づきにくいのですが、主語と述語の関係などにおいて、話し言葉は往々にしてねじれやズレが生じやすいものです。

常に自分自身をチェックする習慣を持つことが大切です。一分間スピーチトレーニングのあとに、「分かりやすかったか」「話は簡潔だったか」「具体例はあったか」「一分以内にまとめることができたか」、さらには「相手の心を動かせたか」「相手の関心や相づちを引き出したか」など確認することです。向上心を持って繰り返すならば、誰もが伝える能力は高まります。

●三つに分けて話を組み立てる

また、一分の話をするときのポイントとして、「踏み石」をイメージして話すことが効果的であると斎藤孝明治大学教授は指摘します。話し手と聞き手の間に川が流れているとイメージしてください。その川を渡れば、話し手のメッセージを受け取ることができます。しかし泳いで渡るわけにはいかないので、そこにはいくつか踏み石が必要です。それを置く作業こそ、話すということの根本です。

そのためには、話をする前に、まず踏み石をしっかり図式化・イメージ化したほうがいいでしょう。絵を頭に思い描くようにイメージをビジュアル化して考えれば、話のイメージが掴《つか》みやすくなります。基本的には、三つぐらいの踏み石を渡って向こう岸に行き着くように話したら、聞く側は分かりやすく聞きやすいものです。

例えば、こんなことがありました、次にこうなりました、だからこうです、という時系列で説明するパターンがあります。また、最初に現状説明をする。次に「しかし」という形で、現状を問い直してみる。最後に、「だからこうなんだ」という結論を示すパターンもあるでしょう。また、最初に「本論」を示し、次に「詳細説明」をし、最後に「結論」をいうパターンは最も基本的であり、大変分かりやすいものです。

先ほど紹介した私の体験は、時系列で順番どおり説明した内容でしたが、先に結論を言ったほうが興味深く聞くことができます。例えば、「私は剣道を十年間やっていましたが、一番印象に残り、感動した試合は、高校三年の時の『怪我《けが》をして参加した東北大会』です」と、結論を提示します。すると「怪我をして参加したの……」と注目するでしょう。その後、その時の様子を詳細に説明し、最後に結果と感想で締めくくることも効果的な話し方です。

このように、いろいろな表現があります。一分の中でも、紙芝居的なわくわく感があったり、意外性があったり、驚きがあったり、感動があるなど、表現次第で豊かな話になります。「一分間スピーチトレーニング」を徹底的に繰り返していくと、時間感覚と話のポイントをセレクトするセンスが格段に身につくようになります。そうすると、本を読んでいても、相手の話を聞いていても、ポイントを押さえて聞くことが習慣となります。「要するに何か」「ポイントは何か」という視点が身につきます。そして、いつの間にか当たり前のように落ち着き、要点を押さえながら話せるようになります。

まとめ

・話をする時、「伝えたいポイントを明確にする」意識を持ちましょう。
・一分で話す訓練で、「要約して語る感覚」を身につけましょう。
・時間意識を敏感にし、ムダ・ムリ・ムラをなくしましょう。
・自分の話の癖を探し改善する姿勢を持ちましょう。
・「踏み石」を頭に描くようにイメージしましょう。

実践しましょう

「私の感動体験」を一分間で紹介してみましょう。行ったこと、聞いたこと、見たことなど何でもよいです。短く表現してみましょう。

15 全身で語る「五感表現力」

●「身体全体」で語る

コミュニケーションを豊かにするには、「表現力」が大切になります。「語る」というのは、「口で言葉を語る」というのが当然、基本となります。しかし、実際は「身体全体で語っている」と言ったほうが正確でしょう。言葉を換えれば、「表現とは五感を使って、身体全体でなす」ものです。一般的には話は聞くものですが、実際は目でも聞き、耳でも聞き、皮膚でも聞くということができます。ある人の話を、録音して聞くのと、直接聞くのとでは迫力が全く違うでしょう。つまり、話は全身で語り、全身で聞くものです。

では、五感の中で、相手に与える影響力が一番大きいものは何でしょうか? 労働科学研究所の発表によると、まず、一番は「視覚」が全体の八七パーセントです。そして、「聴覚」七パーセント、「臭覚」三・五パーセント、「触覚」一・五パーセント、「味覚」一パーセントとなっています。当然、個人差もあり、話の内容によって違いますが、このデータを見れば、人間の印象は「目」から来る刺激が圧倒的に多いということが分かります。このように、話は話の内容だけではなく、目に映る様々な要因が聞く人の心を大きく左右するということです。

●「場所・環境」の影響

では、表現する時、相手に影響を与える五つの要素を紹介しましょう。

第一は、「場所・環境の影響」です。人は環境に支配されやすいものです。話しやすい場、聞きやすい場をつくることは話し方の基本となります。騒音がひどい所、騒がしい所では、落ち着いて話せないでしょう。部屋がごちゃごちゃ散らかっている所では、いくらいい話をしても心が落ち着かないものです。夫婦水入らずで話をしようとして、目の前に洗濯物が山のようにある所で話してみても、心が落ち着かないものです。一方、高層ビル最上階の景色のいいレストランで話をしたら、気持ち良く話すこともできるでしょう。環境が雑然としていると、話も粗雑な内容になりやすいものです。しかし、美しくきれいな環境で話すと、自然に話も高尚な内容になるものです。環境が話しやすさ、聞きやすさに影響を与えるということがあります。どんな話を誰にするかによって、場所を考えることは、表現力の一つではないでしょうか。基本的に話しやすい環境は、美しくきれいな、静かな環境でしょう。意識して環境を準備しましょう。

●「身振り」の影響

第二に、「身ぶりの影響」です。言葉だけでは意図することを表せない時には、ジェスチャーによって、その微妙な内容を表すことも必要です。大きさを示す、仕草を示す、方向を示すなど、視覚を動員することは話を立体的にし、理解を助けます。話の重要な内容は、手を振りかざしたり、腕を広げたりと、ジェスチャーがつくと印象的に記憶されるものです。身動きせず単調に話すならば、重要な内容を聞き逃したりする場合もあるでしょう。このように、ジェスチャーは話の強弱をつけることができます。

ただ、ジェスチャーというのはあくまでも言葉を補うものであり、単調さを破るもの、視覚による注意力を引き起こす目的のものなので、やたら手を動かせばよいというものではありません。無意味な動きは単なる癖で、うるさく感じる場合もあります。

●「事物」の影響

さらに第三は、「事物の影響」というものがあります。人は目からの刺激を受けやすいものです。聞き手は、話し手が話す前から、その服装、髪の形などによって評価します。人は九〇パーセント以上も、その人の第一印象から相手を評価するといわれます。人と会う時、話をする時、鏡を見て身づくろいをして臨むことは、大変大事なことです。くしを入れる、ネクタイをきちんと締め直す、靴を磨くなど、これは単なるオシャレというより、信頼感、親近感を得るための、話し手の大切な気配りです。

「服装は心の人相」といわれるように、形は内面を表します。外面を清潔に、きれいにすればするほど、自分の心にも、相手の心にも好感を与えるものです。いつも、「外の目線」から自分を見つめる姿勢が大切です。人から見て美しく着飾る姿勢、美しくなろうという姿勢、まさにその「気持ち」が、自分自身を美しくしていく要素でもあります。それぞれの個性を生かして美を求めたら、それぞれが最高の輝きを発するものでしょう。また、外面の美しさだけでなく、内面の美しさも大切です。そこで、「内外共に鏡を見る姿勢」が大切となります。外面も鏡を見て整え、内面も心の鏡を見て反省する姿勢があれば、謙虚さと穏やかな心で人に接することができるでしょう。

●「行為」の影響

第四に、「行為の影響」というものがあります。黙っていても、その人がいるだけで皆が楽しくなるという人がいます。その人全体から、醸し出される人柄によるものですが、話し手の「表情」や「態度」が与える影響は大きいものです。話す時の表情は、大きく影響します。いくら楽しい話でも、無表情で話をしたら楽しさが伝わりません。いくら悲しい話でも、にこにこ話をしていたらその悲しさは伝わらないでしょう。表情には、言葉以上にその感情が表れるものです。表情の豊かさは、人間性の豊かさが現れるものです。最も大切なのは「笑顔」でしょう。笑顔で話されると、聞くほうも肯定的な心になるものです。また「目線」が大切です。「目は心の窓」というように、心の通った会話は、自然に目を合わせた会話となります。まさに、「顔は個性を物語り、目は口以上にものをいう」といえるでしょう。

また「態度」はその人柄が表れ、話す内容に大きな影響を与えます。「人に悪印象を与える態度」とは、どのような態度でしょうか。例えば、反発感情を引き起こすような「威張った・

傲慢な態度」、自信のなさを感じる「落ち着かない態度」、親近感をはばんでしまう「気取った態度」、融通がきかない「場に合わない態度」、ふてくされた感じの「投げやりな態度」などです。その反面、周りに良い影響を与える態度も様々ありますが、何よりも内的な心の姿勢が表れるものです。その心の姿勢とは、相手に対する「謙虚さ」「尊敬心」、さらには「思いやり」「サービス精神」「信頼感」などを持つことが大切になります。

●「言葉・声」の影響

第五に、「言葉と声の影響」です。やはり、話をする時は「言語」「言葉」を用いてなされます。この「言葉の意味」「言葉の強弱」「言葉の高低」「言葉の緩急」「言葉のタイミング」などが重要です。

言葉の意味として大切なことは「愛を動機とした言葉」をいつも使うことです。その姿勢が人間関係を深めるのです。

言葉の強弱とは「声の強弱」ともいえます。重要な言葉、大切な言葉は強く強調するならば、印象的に聞くことができるでしょう。また、言葉の高低は、声の高さでそれぞれ違った感情を乗せて話すことができます。基本的には低い声は「落ち着き」「冷静」「安定感」を与えるものですし、高い声は「親近感」「親密感」「開放感」を与えるものです。初めて会う人には、親近感・開放感を込めて高い声で「こんにちは～！」と挨拶するでしょう。低い声で「こんにちは～！」と言ったら違和感を覚えます。

また、言葉の緩急は、話のテンポをつくることに有効です。ゆっくりとした口調から早い口調に、早い口調からゆっくりとした口調にと、テンポを変化させることで印象に残ります。また、言葉は適材適所にタイミングよく用いることで、有効にその意味が力を持つようになります。

このように、話をするときには、様々なことが影響して相手に伝わるということです。話す場所の影響、身振り手振りの影響、服装などの事物の影響、表情・態度などの行為の影響、さらには、言葉の意味やタイミング、声の抑揚などの影響があるのです。これらを意識して、より分かりやすく、印象的に理解できるようにしてあげることも話す能力の一つです。

まとめ

- 大切な話をするときは「話しやすい環境」を準備しましょう。
- 「身振り、手振り」に感情を乗せて話しましょう。
- 鏡を見つめて内外共に「美しさ」を極めましょう。

・思いを「表情、態度」で伝えましょう。
・「言葉を操る力」を意識して磨きましょう。

実践しましょう

「楽しかった・嬉しかった話」、もしくは「苦しかった・つらかった話」を感情を込めて、全身で表現してみましょう。

16 感情を表現する「発声力」

●「声」を通しての「音のコミュニケーション」

会話というものは、相手にお互いのメッセージを伝え合うためのものです。使われる手段は、「言葉」と「声」がメインです。したがって、自分のメッセージをうまく相手に伝えたいのであれば、声と言葉が重要なキーワードになります。

言葉の大切さというのは、よく分かることと思います。「何を語るか」という言葉の選択は会話の中心ポイントです。しかし、もう一つ、「どんな声で語るか」という声の選択も大切です。会話とは、言葉を通じての「意味のコミュニケーション」であり、声を通じての「音のコミュニケーション」です。赤ちゃんは生まれると、まず産声をあげます。人間は生まれるとすぐに声でコミュニケーションをとっているのです。赤ちゃんは、それ以前、おなかの中にいるときから、母親の心臓の鼓動を聞いていています。これは音によるコミュニケーションと言っていいでしょう。

一人ひとりの顔が違うように、声もまた違いがあります。どの声が良くて、どの声が悪いなどというものはありません。もし「自分の声に自信がない」というのであれば、自分の声を楽器にたとえてみるといいのではないでしょうか。低音、高音、太い音、細い音など、楽器にはそれぞれ特徴的な音があります。そのうち、どれ一つとして不要な楽器はありません。それと同じで、あなたの声もとても貴重な声なのです。「自分の声は世界に一つしかない楽器なのだ」と考えてみるべきです。「人の声というのは間違いなく世界一の楽器だ」と言えます。

私たちは「声」という素晴らしい贈り物を神様から頂いています。「声」も「言葉」も、ほかの動物にはほとんど与えられません。人間だけに与えられた特別な能力です。しかし、その楽器も演奏の仕方で、美しい音色にもなり、やかましい雑音にもなります。その楽器を、その個性を生かしながらどのようにうまく演奏するかが大切なように、自分の声の特徴をどのように生かすかが大切になります。

●声で「感情をコントロール」

声には、大きさ、高さ、速さなどによる特徴があります。それらを通じて、感情を表現することができます。会話の中では、言葉の意味もさることながら、声を通じて感情を受け止めるものです。声には想像以上に感情が表れます。

声というのは自分の「心の鏡」と言うこともできます。何気なく発する声は、その瞬間の自分の精神状態を映し出します。声が己の心を映し出す「鏡」ということは、声をコントロールできれば、自分の感情もコントロールできるということです。例えば、できるだけ声から怒りを消す。感情のコントロールができれば、コミュニケーションはもっとスムーズになっていくことでしょう。自分の「声の癖」を知り、できるだけ癖のない声を出すことです。

では、癖のない声とはどのようなものか。できるだけ無心になり、静かにしてから発声したときの声です。瞑想《めいそう》状態に近いときの声です。喜びも怒りも哀しみも楽しみも表現していない声です。これを「ゼロの声」と呼びます。「ゼロの声」を知ることが、コミュニケーションの基本となると考えられます。ゼロの声を原点にしながら、自分の声を意識し、高い声、低い声、大きな声、小さな声、いい声、悪い声……様々な声を使い分けできるようになれば、それだけ豊かな人間関係が広がっていくはずです。

●声の「エネルギー」と「バランス」

声に対する好感度は何によって決定されるのでしょうか。これは二つの要素があります。一つは「声のエネルギー」、もう一つは「声のバランス」です。声が大きいというのは一つのエネルギーです。しかし、声を大きく自信を持って話しても、押し付けがましかったり、悪意に満ちていたりすると、嫌悪感を抱くものです。これも「声のバランス」が悪いために生ずることです。

声には「温度」という「温かい声」「冷たい声」があります。摂氏三十六度前後の体温が感じられる声、「人肌の声」に人は集まるものです。声というのは高すぎても、低すぎても、自信がありすぎても、なさすぎても、熱すぎても、冷たすぎても、不快になります。エネルギーがあってバランスのいい声に人は集まります。人とコミュニケーションをとる場合には、声のエネルギーとバランスを意識することが重要です。

このように、自分の声の癖を再度確認し、ゼロの声を意識したり、声のエネルギーやバランスを意識することが大切です。声の癖とは心の癖のようなものです。声には人格が表れます。悪い癖を知り、そこを矯正することで心が前向きになり、人生が肯定的になることもあります。

特に、親子や夫婦といった、親密な関係になればなるほど、言葉と声を選んだほうがいいのです。声の高さ、声のテンポを意識的にコントロールできるようになると、家庭の中の雰囲気がずいぶん変わります。「ゼロ」の声をベースにし、あまり感情がむき出しにならず、声量が安定していて、バランスの取れた元気な声が「いい声」です。

そして、バランスの取れた元気な声は、プラスのエネルギーを持っています。だから心地良いのです。相手のことをよく観察し、ほめるべき点を真心を込めてほめ、叱るべき点を真心を込めて叱る。そうすれば、声からその人の「愛」が伝わってくるものです。そこにはプラスのエネルギーがあるから、嬉しく感じることができるものです。

●しゃべり方を研究し「感情を表現」

そのためには、まず意識して自分の声を聞くことが大切です。声を吹き込んだテープを聞きながら分析すれば、悪い癖はすぐに見つかります。そして、その悪い癖は、意識すれば必ず直すことができます。自分のしゃべり方を研究するためにも朗読を録音し、あとで聞き直してみるのもいいでしょう。その際、速く読んだり遅く読んだり、速度を変えて読むと、しゃべるのに最もいい速さを探るのに役立ちます。

歌手がボイストレーニングをする際にも、朗読してもらうことがあるそうです。歌詞を朗読させるのです。すると、歌詞を黙読してから歌い出すより、感情がこもります。声のいい人が歌のうまい人かというと、必ずしもイコールではありません。声が良くても歌が下手な人はたくさんいます。これは歌での感情表現が下手だからです。最初は、音程をつけずに歌詞を朗読する。情景を思い浮かべながら朗読してみる。感情を込めて朗読してみる。それができるようになると、見違えるように歌がうまくなります。エネルギーのベクトルは、声を大きく出せること、嬉しい声、悲しい声、怒りの声、歓喜の声など、様々な感情の声を知り、表現できることによって広がります。

目標とする声の持ち主を見つけ、その人のまねを少しずつすることです。喉や口の周りの筋肉が鍛えられ、少しずつ理想の声に近づいていきます。ポイントは、できるだけ多様な声を数多く聞いて、その中からお手本を見つけることです。ラジオの朗読番組を教材にし、その声優が朗読する番組を録音し、繰り返し聞きましょう。どこが好きなのかを分析しながら聞くと効果的です。次にその本を買ってきて、自分でも朗読してみましょう。声優の読み方をまねしながら朗読します。その朗読は録音しましょう。そして、録音した自分の朗読を聞き直しながら、改善点をチェックしていくのです。

フラットな言い方と感情を込めた言い方を比較しましょう。最初に、抑揚をつけずに、淡々と「昨日は本当に楽しかったです」と言ってみましょう。次に、楽しかったことを想像して、抑揚をつけて、感情を込めて「昨日は本当に楽しかったです」と言ってみましょう。では、悲しかったときの言葉を比べてみましょう。淡々とした口調で、「実は、昨日悲しいことがあったんです」と言ってみましょう。次に、悲しいことを想像して、感情をたっぷりと込めて、「実は、昨日悲しいことがあったんです」と言ってみましょう。感情を込めて話す練習をしていけば、あなたの声の表現は非常に豊かになっていきます。

ところで、淡々とした口調で「実は、昨日悲しいことがあったんです」といった時、それほど悲しい気持ちにならなかったでしょう。これは声を使って自分の気持ちをコントロールするときの重要なヒントになります。「感情を豊かにするための声の表現」と「自分を落ち着かせるための声の表現」の両方を身につければ、人生そのものがかなり変わってくると思います。自分で感情をコントロールすることによって楽しい生き方ができるという話です。

人間が歌を歌う時には、感情を込めて、感情を表現することに最大の特徴があるといってもいいでしょう。会話をする場合も同じだと思います。「会話がうまい」というのは、話の筋道ができているとか、説得力があるというようなこと以上に、身振り手振りも含め、声のトーンや口調や感情の込め方など、会話の表現力が豊かだということではないでしょうか。会話をする場合にも、声の表現にもっと気を使ったほうがよいでしょう。

会話表現を豊かにするために、重要なものが「ボキャブラリー」です。ボキャブラリーが少ない人は、声の調子を変えても、なかなか会話の表現が豊かになりません。一人の人に対して、一つの物事に対して、できるだけ多くの言葉で表現する練習をしてみましょう。そういうトレーニングをするだけでも、自分の感情表現が豊かになってくるのが分かると思います。

●「腹式呼吸」で安定した声を出す

さらに、いい声を出すためには、呼吸が大切です。最近、呼吸の浅い人が増えています。特に若い人に多いのですが、これは人とあまり話さない人が増えているからではないでしょうか。「おなかから声を出す」とは、「腹式呼吸」によって声を出すことです。人間の呼吸には「腹式呼吸」と「胸式呼吸」があり、私たちが普段行っている呼吸はその両方を用いる「胸腹式呼吸」です。「腹式呼吸」はおなかを膨らませて息を吸い込み、おなかを引っ込ませて息を吐き出しますが、実際は横隔膜の上下運動による呼吸のことです。

腹式呼吸で息をすると、横隔膜の上下運動を通して、内臓が刺激を受けて胃腸の働きが活発になり、静脈の血流も良くなります。また、腹式呼吸をすると脳波がアルファ波になるらしいし、交感神経と副交感神経のバランスが良くなり自律神経が調整されるとも言います。丹田を意識しながら声を出せば、長いセンテンスを安定した声で話すことができます。その一定した波長の声を聞くことで、話し相手はリラックスできるでしょう。

学校教育でも、子供たちに呼吸法をきちんと教えてあげ、詩を感情豊かに朗読させるならば、子供たちの声はもっと生き生きとしてくるはずです。昔の剣道教育などでは、おなかにギュッと力を入れ、声を出しながら竹刀を振り下ろすということをさせていました。これはまさに、呼吸法の訓練であり、発声練習でもあったといえます。

人の声というのは、どの人の声も「二つとない世界最高の楽器」ではないかと思います。自分の声の魅力に気づいていない人はたくさんいます。せっかく最高の楽器を持っているのに、その素晴らしさに自分で気づいていないのです。本来の声を妨げているのは、喉の使い方、舌の使い方、呼吸の仕方などに癖があるためです。それで、本来の声の魅力が低下してしまっているのです。若い人に多いのですが、人間関係が苦手で、普段あまり人と話をしないというような人は、口の開き方がだんだんと小さくなってしまい、その人が持っている良い声が出ていません。まず、口を大きく開いてみましょう。腹式呼吸をして、おなかに意識がいけば、喉の緊張がほぐれます。

まとめ

・何を語るかとともに、どんな声で語るかを意識しましょう。
・自分の声は、世界に一つしかない楽器だと誇りを持ちましょう。
・自分の声の癖を知り、声のエネルギーとバランスを意識しましょう。
・嬉しい声、悲しい声、怒りの声、歓喜の声など、様々な感情を込めて語りましょう。
・口を大きく開き、おなかを意識した呼吸で語りましょう。

実践しましょう

感情を込めて二つの会話をしてみましょう。

〈会話① 相手の長所をほめる嬉しい会話〉

Aさん：「いやぁ〜、本当に○○さんは、（　　　　）という素晴らしいところがありますね！」

Bさん：「そうですか。ありがとうございます。でも、○○さんこそ、（　　　　）というういいところがありますね！」

〈会話②　つらいこと悲しいことを伝える会話〉

Bさん：「実は、以前私は、（　　　　　　　）という大変な思いをしたことがあったんです」

Aさん：「そうですか！　それは大変でしたね。私も以前（　　　　　　　）という思いをしたことがありますよ」

17 相手の心に届く「愛のメッセージカ」

●「受け入れやすい」表現力

豊かなコミュニケーションを築くためには、相手の思いを受け止めることとともに、こちらの思いを相手に伝えることが大切となります。その伝えるとき、伝える表現方法によっては、相手がよく理解できる場合もあり、理解しがたい場合もあります。理解しがたいというのは、知的に内容が分からないということだけではなく、「情的に受け入れがたい」という反発する思いなどもあります。

人間関係の良し悪しは、後者の情的に受け入れられるか受け入れられないかが重要な要因になります。そこで、相手が受け入れやすくするための表現力を磨くことが大切になります。表現の仕方次第では、相手に対する指摘や依頼、さらには反対意見であったとしても、相手の心に冷静に心地良く届く場合があります。

●「自己開示」の表現

では、相手の心に届く表現方法について紹介いたします。まずは、「自己開示の表現」があります。ゲーテの言葉に「手は手でなければ洗えない」というものがあります。汚れた手を洗い流そうとしても、手を使わなければ洗えないのが当然です。同じように、相手の心を動かすためには、自分の心を動かさなければならないということです。まさに、相手の心を開くためには、まず自分の心を開かなければなりません。一般的に、相手が心を開いたり心変わりするのを待っていることが多いものです。心の開示をすると、傷つくのではないかという不安を持っているので、無意識に抑制してしまいます。

ですから、こちらから心を開いて、言いにくい本音や悩み、苦しみなどの感情表現をすると、相手が安心して本音を吐露することがあります。人間は相手が心を開けば、恐怖や不安・緊張感が取れて自分も心を開きたくなるものです。これは「自己開示の相互性」と言われています。自己開示の度合いが高くなればなるほど、相手の自己開示の度合いも高くなるという法則です。

このように、「自己閉鎖的表現」ではなく、「自己開示的表現」を心掛けるならば、親密なコミュニケーションになることでしょう。まず、私から心を開いてみましょう。

●「意欲的・自発的」表現

次に、「義務的表現から意欲的表現」への転換があります。例えば、「〜しなければならない」という「ねばならない調」の言葉を口癖にする人がいます。そのような言葉は、相手の義務感に働きかけますが、何か窮屈な感じがします。行動を規制されたり、縛られているようなイメージがあります。そのような言葉よりも、「あなただったら、やれますよ！」「できますよ！」「取り組んでみましょう！」という肯定的な意欲を引き出す表現が有効でしょう。

さらに、「指示的表現から自発的表現」も大切です。例えば、「〜してはいけない！」「〜すべきだ！」という指示する表現、命令する表現も同じく、繰り返されると窮屈なイメージがあります。指示・命令が繰り返されると威圧的な言葉に聞こえて、時には反発を感じる場合もあります。子供に対する親の言葉も、「あれしなさい！　これしなさい！」と連発されたら、子供も反発するでしょう。それよりも、「これができると思うよ。やってみたらどうなの。あなただったらできるよ」と、促す言葉を繰り返したら、子供も前向きに考えて行動しやすいものです。

このような「肯定的な促し」は、子供がやりたい気持ちを抱くような表現、自発的に動きたいと思える表現の一つかと思います。すべての人間関係も基本的には同じです。「やってみたい」という意欲を引き出す、活力を呼び起こし、自発的に行動するように促す言葉を工夫してみましょう。

●「Ｙｏｕメッセージ」から「Ｉメッセージ」の表現

このように、「意欲的表現」や「自発的表現」を使うとともに、さらに相手の心に届く表現を紹介します。それは、「Ｙｏｕメッセージ」から「Ｉメッセージ」の表現に変えるというものです。「伝え方」にはいろいろありますが、大別すれば二種類の表現があるともいえます。それが「Ｙｏｕメッセージ」と「Ｉメッセージ」です。文字どおり、Ｙｏｕメッセージとは、主語が「あなた」となるメッセージであり、Ｉメッセージとは、主語が「私」となるメッセージです。

日頃、私たちが使う表現はどちらのほうでしょうか。話す内容が自分に関することであれば、「私」が主語になり、相手に関する内容であれば「あなた」が主語になることが普通かと思います。しかし、相手のことに関することでも「私」を主語にしてみましょう、というのが「Iメッセージ」のポイントです。

では、それぞれのメッセージは相手にどのような印象を与えるものとなるでしょうか。例えば、「あなたは、もっとこうしなさい！」という命令の言葉は「Ｙｏｕメッセージ」です。「あなたは、こうすべきだ！」という指示のメッセージ、さらには、「あなたは、こうしたらいいのではないですか？」という提案のメッセージも「Ｙｏｕメッセージ」になります。このＹｏｕメッセージは、相手に行動させようとするので、時には反発心や抵抗を感じさせる可能性が高くなります。

そこで、このようなメッセージを「Ｉメッセージ」に変えて表現してみると、相手の反応が違ってくるはずです。素直に受け止めやすく、反発心も出てこないものです。まさに、「愛のメッセージ」になりやすいという特徴があります。

●「夫婦」の会話の例

例えば、次のような夫婦の会話があったとしましょう。

妻が大きな音で音楽を聴いている場面で、夫は次のように言いました。「お前は、うるさいんだよ！」「いい加減にしろよ！」とＹｏｕメッセージで言いました。この言葉は指示命令で、大変きつい言葉になっています。妻は反発して、言い返すかもしれません。しかし、そのような時、Ｉメッセージで表現すれば、次のようになるでしょう。「いやあ、大きな音で、頭が痛いよ。もう少し静かにしてくれると嬉しいのだけど」と言いました。この文章は、「大きな音だな」という事実、「頭が痛い」という影響や状況、さらに、「静かにしてくれると嬉しい」という感情を表現しました。このように、「Ｉメッセージ」のポイントは、相手を非難しないで、自分の感情、意見を正確に伝え、「私は＋状況（事実）＋こう感じる」の順序で話すことです。

●「親子」の会話例

親子の会話の例を紹介しましょう。子供が母親の手伝いをしてくれた場面です。そのとき、多くの母親は次のように言うことが多いでしょう。それは「○○ちゃん、お手伝いしてくれて、いい子ね」とほめる言葉です。これはＹｏｕメッセージですが、このような表現をした場合、「良い子」という評価のためにお手伝いする子になる可能性があります。一方的に評価されただけなので、自分を尊く思う自尊心も育たず、人の目や評価に左右される人になるかもしれません。

そのようなとき、Ｉメッセージで表現したら次のようになります。「お母さんは、やることがいっぱいで大変だったけど、○○ちゃんが手伝ってくれたおかげで助かったわ。とても嬉しかった。ありがとう」となります。子供にとって母親から「助かったわ」「嬉しかった」「ありがとう」と感謝されることは、「いい子ね」と評価される以上に嬉しいものです。自分には人を喜ばせ、幸せにできる力、能力があると感じたり、自分の存在に誇りを感じる「自尊心」も育まれていきます。他のために貢献することが喜びとして感じる「自己実現型の人」になることでしょう。

●効果的なアドバイス

また、人にアドバイスするときも、Iメッセージが有効です。例えば、「あなたは家族と喧嘩ばかりしているので、もっと大切にしなければいけない」とYｏuメッセージで伝えるよりも、「私は家族を大切にすることが大切だと思います。あなたが家族と喧嘩している状況を本当に心痛く感じます」とIメッセージで伝えたほうが、肯定的に受け止めやすいものです。

次のような場合もあります。「あなたは私の言葉を信じてやるべきですよ」というYｏuメッセージよりも、「私はあなたがこの言葉どおりやってくれることを信じています。迷うあなたの気持ちもよく分かります」とIメッセージで表現したほうが、心に届くことでしょう。

また、上司と部下の関係においても同じです。一方的に評価されるよりも、「あなたの、あの一言で、勇気が湧きました」というIメッセージや「君の仕事振りを見ていると、こっちもやる気が出てくるよ」というIメッセージのほうが嬉しいものです。

このように、人は誰もが自分の存在や行動が他人にどのように影響を与えているか気になっています。本心では、他人が喜んでくれること、感謝してくれることを望んでいます。Iメッセージを通じて、それが確認された時は、自分の存在価値が確認され、非常に嬉しく、とても心に届くものです。このような「Iメッセージ」は、評価する側と評価される側が上下関係になるのではなく、常に相手を尊重した対等な関係に導くメッセージとなります。相手が誰であってもIメッセージを通して、「信頼関係」を築いていきましょう。

まとめ

- まず自分から心を開いて本音の交流をしてみましょう。
- 「しなければならない！」「してはいけない！」という言葉よりも、「できる」「やれる」「したい」という言葉を使いましょう。
- 「可能性」を探す対話をしましょう。
- 事実と「私の感情」を表現しましょう。

実践しましょう

Ｉメッセージで肯定的（感謝・称賛・激励）表現をしてみましょう。

（例）「私は、あなたの一生懸命働いている姿を見て、尊敬の思いを抱きました」

「私は、あなたが送ってくれた手紙を読んで、本当に感激しました。ありがとう！」

「私は……

」

18 愛と幸運を招く「笑顔の力」

●簡単な開運法「笑い」

コミュニケーションを深めるために、「笑顔」というテーマで考えてみましょう。私たちの生活の中で、コミュニケーションをとる時、様々な手段で行います。まずは、握手をしたり、子供を抱っこするなど、肌の触れ合いである「スキンシップを通しての交流」があります。また、話しかけるという「言葉を通しての交流」、さらには「笑顔」など「視覚を通しての交流」があります。

「笑顔」は、人と人を結ぶ架け橋になるし、相手を幸せにする身近なコミュニケーションといえます。笑顔を贈れば贈るほど、波動の共鳴現象によって、良い波動を持った人や出来事を引き寄せるなど、自分にとっても大きな恵みとなります。「笑う門には福来る」というように、「笑顔」こそ、簡単に実践できて、無料で、しかも必ず効果がある開運法となります。「美人」といったら、やはり「笑顔の素敵な人」というイメージではないでしょうか。

●家庭における「笑顔の効果」

この笑顔は、家庭の中でも大切です。「笑い声のある家庭」は、明るさと自由な雰囲気があります。逆に、家族関係がぎくしゃくしていたら、必要以上の緊張感で笑い声もなくなるでしょう。家族の会話が多くあるだけではなく、そこに「笑顔」があったら心地良い交流になります。相手に何かを要求する時や問題点を指摘する時など、深刻な顔で言うよりも冗談を交えて笑いを込めて話したら、相手も笑いながら心穏やかに受け止めることもできるでしょう。家庭の中でユーモアを交えた会話をすることは、「肯定的感情への転換」のきっかけになります。まさに、「笑顔は人間関係の潤滑油」ということができます。笑いを提供することができれば、関係性は向上するでしょうから、笑わせる能力、笑顔にさせる能力とは、「愛する能力」ということもできます。このように、家族全員が笑える雰囲気づくりは愛のコミュニケーションの必須条件となります。

また、子供の成長にも笑いが重要になります。喜怒哀楽などの人間の感情を処理する脳の基本的な働きは、生まれてから一歳ぐらいまでの間にほぼつくられます。この時期に、母親とのコミュニケーション、特に「微笑み合い」が乏しいと、その基本的な働きが育たなくなるといいます。お母さんが赤ちゃんに笑いかけると、赤ちゃんも一所懸命お母さんを見て笑いかけます。しかし、お母さんが赤ちゃんに対して無表情で接すると、赤ちゃんはその様子に戸惑い、ストレス状態になり、自律神経にまで支障をきたすようになるそうです。このように、微笑み合いのコミュニケーションが子供の成長に欠かせないということです。

●表情で「心をコントロール」

ところで、皆さん、激しく怒りながら、大笑いしている人を見たことがありますか？　激しく怒りながら、大笑いと言われても、イメージすらできません。実は、「怒り」と「笑い」は正反対の感情表現だから、怒りながら笑うことは決してできません。ということは、いつも笑顔の人は、「怒り」と無縁な人生になるということです。

人間関係のトラブルは、イライラ、カリカリする「怒り」が根底にあります。その心の中にある「イライラ虫」を退治する方法が、「笑い」であり、「笑顔」なのです。私たちは、笑顔をつくっていると、自然と楽しい気分や嬉しい感情が湧いてくるものです。まさに、暗い気分の時でも、笑顔でいると暗い気分で居続けることが難しくなります。怒っている時も、笑顔でいると怒りの感情を維持することはできなくなります。

まさに、人間には生まれたときから、「笑顔になると楽しい気分が沸いてくる」という素晴らしい能力が備わっていると言えます。人間は嬉しい時に自動的に笑顔になりますが、嫌な気分のときでも自分の意志で笑顔をつくることができます。笑顔をつくる顔の表情筋が「随意筋」という、自分の意志によって動かすことができる筋肉だからです。笑顔になると自然に頬の筋肉を持ち上げるようになります。すると頭の中にあるたくさんのツボが刺激されて脳に指令が届き、脳波がアルファ波になり、「脳内モルヒネ」という幸せホルモンが出るといいます。

このように、人間は表情筋を使って、笑顔でも、怒り顔でも、悲しい顔でも、自分の意志で表情をつくりながら自由にコントロールする能力を持っているのです。いわば、自分が自分の心を創っているのです。このように、心をコントロールするポイントは、「笑顔」ということです。

また、相手に話す時の表情も大切です。笑顔で「昨日、悲しいことがあったの……」と深刻な話をしても、その深刻さは相手に伝わりません。逆に真面目な顔をして、「昨日、楽しいことがあったよ……」と楽しい話をしても、楽しさが全く伝わってきません。このように、表情は、自分の感情をコントロールし、相手の感情にも影響を与えます。

ですから、「楽しいから笑うのではなく、笑うから楽しいのだ」ということができます。また、「泣く」ということも同じです。「悲しいから泣くのではなく、泣くから悲しいのである」というでしょう。

このように、表情というものは感情を左右しますが、笑うことで副交感神経と交感神経のバランスが整うので、精神的に安定が増し、リラックスできるともいいます。同時に、その場の居心地が良くなり、相互の人間関係がスムーズになることでしょう。

●笑いで「健康増進」

このように、笑顔は自分の心に良い影響を与え、相手に良い影響を与えているのですが、それだけではありません。「笑い」は、人間関係だけでなく、健康にも良い影響を与えます。十年ほど、笑いが人間の遺伝子に与える影響について研究してきた筑波大学の村上和雄名誉教授は次のように語られています。「笑うことには、お金もかからず副作用の心配もない。体の特効薬だ」というのです。

医学的な研究から見ても、笑いには様々な効用があるようです。まずは、「免疫力」を高めること、脳内物質の働きにより「気分」が良くなること、さらには、糖尿病、アトピー性皮膚炎、リューマチなど、特定の病気を改善させるなどの働きがあることが分かってきました。

村上名誉教授は、次のように説明されます。「人間は病気を自分で治す自然治癒力を持っている。笑いはその自然治癒力を活性化する。活性化の対象の一つが免疫力だ」。このように、笑うことで免疫力が高まるといいます。専門的には免疫力の指標に使われるナチュラルキラーというNK細胞が活性化するのです。このNK細胞は白血球の一種で、がん細胞などの腫瘍細胞を破壊し、がんの発生を抑える働きをするものです。興味深いのは、心の底から笑わなくても、「笑う」動作だけで、NK細胞の活性度が高まるという実験結果が出ているという点です。また、これは脳内物質に働きかけて気分が良くなる効用にも当てはまります。決して心から大笑いしなくても、つくり笑いだとしても、βエンドルフィンという神経伝達物質が脳内に分泌され、気分が高揚するようです。まさに、つくり笑いでも効用があるということです。

このような「笑いと遺伝子」の関係の研究を続けているのが、村上名誉教授と国際科学振興財団の林隆志主任研究員です。その研究で、林研究員が二〇〇七年に博士号を取得しましたが、初の〝お笑い博士〟誕生でもありました。このように、医学的な面から見ても笑顔は良いと注目されています。

●「長めの笑顔」で挨拶

このように、「笑顔」は自分の心に良い影響を与え、人間関係にも良い影響を与え、健康にも良い影響を与えるようになります。

いろいろな面で良い影響のある笑顔ですが、笑顔の時間も大切です。一瞬、笑顔になっても一秒後には厳しい顔になった場合、少し違和感があります。コミュニケーションの基本である挨拶をするにおいても、一瞬笑顔よりも、長めの笑顔のほうが、与える印象は大変良くなるでしょう。笑顔にも持久力が必要です。できれば、五秒間、笑顔を保つことができれば、相手に与える印象はかなり違います。少し長めに笑顔でいるように、意識する習慣をつけてみましょう。意識することで習慣となれば、自然に笑顔が定着します。そうなれば、もっと多くの笑顔に出会えるようになります。

笑顔で挨拶する運動を学校や社会で行ったところ、非行や犯罪が減ったという報告も聞きます。「おはよう！」「おやすみ！」「御苦労さま！」「お疲れさま！」と、笑顔で声に出してみましょう。家庭や職場や学校で、笑顔での挨拶がしっかりできていると、さらに深いコミュニケーションへと発展していきます。逆に、挨拶のない生活をしていると、肝心なことを伝え忘れたり、心の交流が少なくなったり、本音の会話ができなくなったり、コミュニケーションでの支障が出てくることもあります。

このように、長めの笑顔の挨拶は、人間関係を円滑にします。相手に笑顔があるかどうかという視点ではなく、まず自分から笑顔をつくってみましょう。

まとめ

- 生活の中で、笑い、笑顔、ユーモアを大切にしましょう。
- 笑顔をつくり習慣化すると同時に、周りの人を笑顔にする工夫をしてみましょう。
- つらい時、悲しい時も笑顔をつくってみましょう。
- 長めの笑顔で挨拶をしてみましょう。

実践しましょう

家庭や職場など身近な人に、少し長めの笑顔で挨拶してみましょう。

19 行動で示す「態度の感化力」

●態度が伴う「心に届く言葉」

コミュニケーションを豊かにするためには、「言葉」や「文章」とともに、「態度」という媒介があります。「態度」を通じての表現力の豊かさも大切な要因になります。

同じ言葉を伝えるにしても、説得力のある人とそうでない人がいます。ある人の言葉は、非常に実感のこもった印象深い言葉として聞こえます。まさに、「心に届く言葉」です。一方、ある人の言葉は、うわべだけの言葉として聞こえ、心に届かない場合があります。それは、何が違うのでしょうか？　これは、表現力の良し悪しだけの違いではありません。それは、その言葉が「行動」「実体」が伴った言葉かどうかということにあります。口先だけでは、相手の心まで届かないということです。時には、「態度」は言葉以上に相手に影響力があります。

連合艦隊司令長官であった山本五十六氏の言葉に、態度の大切さを考えさせられるものがあります。「やってみて、言って聞かせて、やらせてみて、ほめてやらねば人は動かじ」。この言葉は、人を教育する、人を動かすための重要なポイントがまとめられています。まず「やってみて」という行動、態度が最初にあります。そして「言って聞かせて」という言葉で伝えることであり、さらに「やらせてみて」という相手に実践させて見守ることです。最後に「ほめてやらねば人は動かじ」とほめることの大切さを加えています。このように、「態度」「言葉」「見守る」「ほめる」という順番になっています。

しかし、現状はどうでしょうか。とかく「やりもせず、言うだけ言って、叱るだけ!」となりがちかもしれません。行動が伴わず、その言葉も批判・忠告・評価だけになる可能性があります。

大切なのは、「やってみせる」という態度です。口より体が先に動くことが大切です。口より体のほうが、時には説得力があります。口で言っていることと、やっていることが一致すること、まさに、「言行一致」が重要です。

●親のやったとおりに育つ子供

親子関係でも、親が子供を叱る場合など、親のしていることと言っていることが一致している場合は、子供は素直に聞きやすいでしょう。しかし、矛盾している場合は、子供は葛藤します。

また、子供に対する親の影響に対して、次のように言われています。「子供は親の言ったとおりに育つのではなく、親のやったとおりに育つ」ということです。

例えば、次のような話があります。ある家庭で、父親が毎日、息子に「おはよう！」と挨拶しているのですが、その息子は挨拶をしませんでした。それを気にした母親は、「お父さんが挨拶しているでしょう」と言うのですが、挨拶をしません。その後、夫婦で次のような話をしました。「あなたが挨拶しているのに、うちの息子はどうして挨拶をしないかね……」と母親が言うと、父親は「私は挨拶したくてしているのであり、息子から挨拶してほしくてしているのではないから、そんなことでとがめなくていいよ」と言ったそうです。その後、息子は学校を卒業してある会社に就職したそうです。一緒に入社した新入社員の中で、ひときわ社長の目に留まったのが、この息子でした。なぜかというと、誰よりも大きな声で挨拶をするからです。いつでも、どこでも挨拶をする印象の良い社員だったので、期待して責任を与えたそうです。

このように、家では挨拶をしなくても、親がいつも挨拶していたので、自然に相続したのでしょう。このように、親のやったように育つということです。もし、お父さんが、息子に向かって「挨拶をしなさい！」という口癖の人だったら、その息子は将来父親になったら、同じように子供に向かって「挨拶をしなさい！」と叫ぶ人になるでしょう。親のやったように相続されるということです。このように、してもらったことは自然にしてあげることができますが、してもらっていないことは努力しなければできません。

人間関係の基本である「親子関係」を見ると、態度による影響は本当に大きいことが分かります。子供が親のようになりたいと願っている場合も、願っていない場合も、等しく親に似てくるといいます。良くても悪くても相続されるものです。

●「感化力」の五つの要素

では、どのような人が周りに良い影響を与える「感化力」の優れた人でしょうか。感化力のある人の五つの要素について説明いたします。

まず、第一に「人間性」です。人間としての魅力があるかどうかです。人は、素敵な人、魅力的な人からの指示には従おうとするものです。また、相手が自分のことを認めてくれる、受け入れてくれる器の大きい人であれば、相手を好意的に受け入れようとします。このように、自分が好きな人、素敵だなと思える人であるかどうかは、感化力という観点からとても重要です。「このような人になりたい」という憧れ、理想となる人が感化力の優れた人でしょう。

第二に、「奉仕性」です。尽くしてくれる、一生懸命に関心と愛を注いでくれるということです。この人に恩返しをしたいと思わせるような人、「この人のためだったら！」と思える人は影響力が大きいものです。

第三に、「一貫性」です。いついかなるときでもブレないことです。明確な判断基準を持ち、自らの言動もそれと一致している基準です。たとえ、利害関係があっても左右されない。時間が経過しても変化しない。当然、その時の気分でも左右されない人は感化力があります。

第四に、「専門性」です。特定の分野に長けている、他の人より経験がある、ある分野では評価を受けている、そういった専門能力があるかどうかです。言葉を換えれば、長所を伸ばす努力をしている人となります。

第五に「厳格性」です。規範からズレたときには、厳しく叱れることです。いつもは優しく、穏やかであるけれども、問題があった時、いざという時は、自他共に厳しさのある人です。

このように「態度」というものが大切となります。また、感化力のある人の要素は、「真のリーダー」になる要素ともいえます。リーダーとは、メンバーを「どのように動かすか」「どのように育てるか」、という前に、「リーダーとしてどうあるべきか」という態度がもっと大切になります。「真のリーダー」とは、家庭における「真の父母」、学校における「真の師」、その他すべての組織における「真の主人」です。この「真のリーダー」にとっても、問われるのが「態度」です。感化力のあるリーダーは、その存在自体がメンバーのやる気というモチベーションを高めるものです。決して、一時的なテンションを高めるだけではいけません。

●リーダーの「言行一致・率先垂範」

近頃、あらゆる方面で、権威の崩壊現象があります。親の権威、先生の権威、上司の権威。今まで秩序を守ってきたこれらの権威が、危機に瀕《ひん》しています。権威が崩壊するのは、なぜでしょうか？　子供や部下の責任ではありません。親が子供との約束を守らない。子供の友達の悪口を平気で言う。先生がえこひいきをする。生徒のために、汗と涙すらも流さず、指導する情熱がない。上司が、能力もないのに威張る。部下の失敗の責任もとれず、安全な場所にばかり逃げるなど、今や上に立つ者の態度が問われています。

「上三年にして下を知り、下三日にして上を知る」という言葉があります。上に立つ人は下の人を知るためには三年かかり、下の人は上の人を知るのに三日あったらできる、という意味です。このように、いつも下から見る目は鋭く光っているので、口に出さなくても鋭く評価されています。重要なことは、リーダーの「言行一致」という態度です。

松下電器の創業者・松下幸之助氏が生前、次のような質問を受けました。「社員の意欲を高め、大いに働いてもらうコツは、一言でいうとどういうことでしょうか？」それに対して、「社員があなたの活動を見て『一生懸命やっている。気の毒だ』と思うほどであれば、全部が一致団結して働くでしょう。社長が遊んでいながら『働け』と言っても、それは働きません」。

このように、当然のことを語られたようにも感じますが、指導者の「率先垂範」することの重要性を強調しています。率先垂範し自分を改める努力を始めると、人から尊敬される清らかな人柄は自然に身につくことでしょう。

一般的に、人の上に立つと、率先垂範を疎かにしがちです。リーダーが率先垂範を怠ると、その組織の「異常」に気づかなくなります。メンバーの「気持ち」も見えなくなります。掃除のような小さなことでも、リーダーが率先垂範していると、メンバーが素直に従ってくれるようになります。誰もが嫌がることをリーダー自ら率先垂範することによって、メンバーが心を開き信用してくれるからだと思います。

リーダーとメンバーの関係のみならず、家族関係、友人関係などすべての人間関係を円滑にしていくためには、このような率先垂範など、「態度」で示せるかどうかが重要です。態度が伴った人の一言は、時には雄弁に語るカリスマ的な人の多くの言葉に優ります。言葉で示すことも大切ですが、態度で示す、態度で表すことのほうが大事です。それができる人は影響力、感化する能力が備わった人でしょう。

まとめ

- 言行一致を心掛けましょう。
- 行動で模範を示し、率先垂範しましょう。
- やってほしいことは、先にやってあげましょう。
- 感化力がある真のリーダーを目指して努力しましょう。

実践しましょう

言葉に表現する以上に、行動や態度で示すことを心掛けていることがあったらいくつかあげてください。

20 喜びを与える「感動させる力」

●幸せのキーワード「感動」

人生の幸せの瞬間を、どのように表現するでしょうか。「嬉しい！」「楽しい！」「幸せだ！」など様々ありますが、嬉しさが満ちあふれた瞬間、心の充実度が満ちた瞬間を「感動した！」という言葉で言い表すこともできます。例えば、映画を見て感動した、コンサートで歌を聴いて感動した、講演会で素晴らしい話を聞いて感動した、本を読んで感動した、誕生日のプレゼントをもらって感動した……このように、様々な場面で「感動した」という表現を使います。

心が熱くなったり、目がしらが熱くなったり、心がウキウキしたり、思いっきり笑顔になったりと、感動する時は幸せの瞬間です。感動することが多ければ多いほど、幸せの満足度、充実度が高まるということです。「感動すること」が嫌いな人はいないでしょう。「感動する瞬間、あれが嫌なんだよね！」と言う人はいません。誰もが感動を好み求めます。ですから、「感動」というものが、幸せのキーワードの一つではないでしょうか。

皆さん、最近感動したことはありますか？……よく感動するタイプの人もいれば、あまり感動しないタイプの人もいます。山登りをして山頂から見下ろした時、心から感激する人がいれば、感動の薄い人もいます。プレゼントをもらって大感激する人もいれば、喜ぶとしてもあまり喜ばない、そっけない人もいます。その違いはどこにあるのでしょうか。

●感動する人、しない人

心（情）を閉ざしていると、美しい景色を見てもセピア色に見えたり、人の愛に触れても心が動かない、感動が感じにくいものです。心にふたをするということは、喜怒哀楽の感情にふたをすることなので、「悲しいこと」や「苦しいこと」など自分に不都合なものだけでなく、「嬉しいこと」や「楽しいこと」まで自然にふたをしてしまい、鈍感になってしまいます。正座を長くすると、足が痺れて鈍感になる感覚と同じです。

反面、心（情）が開かれている人は、感情が表情にすぐ出てきますし、感動もしやすいものです。楽しいことがあると、すぐに笑顔になる人は情が開かれている人と言えます。言葉を換えれば、「新鮮さ」「幼子の心」という姿勢が、感動を感じ取る心かと思います。

人生とは、自分の心を開いた分だけ、「新鮮さ」「喜び」「感動」を感じ取れるものです。勇気を持って心を開くことが大切です。まずは、感動できる感覚を多く持っていることは、幸せになるポイントです。心を開いて表現することで、人は人とつながることができます。喜びは、心の共感から訪れます。共感し、共感されることで、愛を知るようになります。自分を最大限に表現することで、人は誰でも最高傑作の人生を全うすることができます。心を閉ざして表裏をつくってしまうと、人間関係もうまくいきません。すべての人が偽りに見え、どんな素晴らしい愛も偽りに見えてしまいます。

●感動させる幸せ

ところで、「感動すること」を求める人は多くいますが、「感動させること」を一生懸命考え、努力し、実践する人は少ないのではないでしょうか。多くの人を感動させることで有名な「ディズニーランド」がありますが、偶然にでき上がったのではありません。感動させたい、喜ばせたい、という思いから多くの創意工夫と努力の積み重ねがあったことでしょう。創業者の言葉を紹介しましょう。
「ほら、見てごらんよ。こんなにたくさんの嬉しそうな顔を見たことがあるかい。こんなに楽しんでいるところを……私は一人でも多くの人に笑顔でパークの門から出て行ってほしいんだ！」
（ウォルト・ディズニー）

このような「感動させたい」という思いから造られたのです。

人生というものは、偶然に感動的な出来事と遭遇することもありますが、人が感動するように設計もできるということです。人を感動させることができる能力は、愛する能力です。「喜ばせたい！」「楽しませたい！」「感動させたい！」という動機で工夫するならば、周りの人を幸せにすることができます。愛の深い人は、人を感動させることができる人でしょう。

ビジネスの世界でも、物の便利さを売り物にする時代から、心の時代といわれている二十一世紀においては、顧客がその物を使うことによって生まれる「感動」という付加価値を求めているともいえます。

●感動の方程式

では、感動とは、どのような状況で体験するものでしょうか。感動の方程式があるとすれば、次のようにまとめることができます。

〈感動の方程式〉

「思い・期待」＝「現実・結果」→「満足」

「思い・期待」＞「現実・結果」→「不満」

「思い・期待」≫「現実・結果」→「怒り」

「思い・期待」＜「現実・結果」→「感動」

「思い・期待」≪「現実・結果」→「感激」

思っていること、期待していることと現実が一致したら、「満足」するでしょう。思っていること、期待していることと比較して、現実が劣っていたら、「不満」となります。現実が著しく劣っていたら、「怒り」を感じることでしょう。

また、思いや期待以上の現実・結果が表れれば、「感動」するということです。現実・結果が、非常に良かったり、嬉しかったりすれば、「感激」するでしょう。これが、私たちの心の感じ方です。

「挨拶」一つをとっても、相手を感激させることもできるし、相手を怒らせることもあります。

挨拶を相手の期待どおりに行ったら「満足」するでしょう。しかし、挨拶もしてくれなければ、「不満」になります。挨拶しないばかりか、にらみつけたりしたら「怒り」となります。反面、挨拶だけではなく「笑顔」で「○○さん、おはようございます」と名前までつけて挨拶したら、「感動」するかもしれません。さらに、挨拶だけでなく、「いつも、さわやかな服装で素敵ですね！」と称賛の言葉を添えるなど、さりげないプレゼントもあったら「感激」する場合もあるでしょう。

このように、相手の思っている以上、期待している以上のサービスや奉仕、愛のプレゼントなどがあれば、「感動」や「感激」をすることとなります。サービスで、文章で、商品で、かける言葉で、生き方で、歌や踊りで、自分を表現することで誰かに感動を提供できたとき、大きな喜びを感じた経験は誰にでもあるでしょう。

人間は誰かに喜んでもらったときが、一番嬉しいと感じるものです。感動することも嬉しいものですが、人を感動させることは、もっと充実感が残るものです。相手の期待を超えるような結果や現実をつくり出す「感動プロデューサー」になれたら、人生は充実していきます。まさに、「自分が感動をもらう側ではなく、創る側に回る」という「発想」の転換が、本質的な幸せを創り出すポイントだということです。

このように、〝感動させる力〟とは「人を喜ばせたい、感動させたいという思いで、相手の思いと期待以上の結果を創り出す」ことです。

●人を喜ばせる表現力

また、この感動力を高めるためには「表現力を磨く」ことが大切です。体力や行動力は行動することでしか磨かれないように、表現力も積極的に表現することでしか磨かれません。表現力は「外から身につける」ものではなく、内側から磨きだすものです。磨くとは、自分自身に本来備わったものを引き出すことです。「ないもの」は磨けないので、「磨く」ということは「あること」が前提になっている言葉と言えます。

「私には表現力がないから」とか、「感性がないから」と言う人が時々いますが、表現力や感性はあるなしではなく、使っているかいないか、磨いているかいないかだけなのではないでしょうか。ですから、「感動させたい！」という思いさえあれば、表現力はどんどん出てくるものです。言葉で表現する、態度や行動で表現する、文章で表現する……相手を感動させる言葉、相手を感動させる態度、相手を感動させる文章を研究してみましょう。

まとめ

・日常の中でも「感動体験」を大切にしましょう。
・心を開いて、「新鮮さ・幼子の心」を持って「感動する心」を育みましょう。
・人を感動させる能力、「愛する能力・知恵」を伸ばしましょう。
・相手を感動させる「表現力」を磨きましょう。

実践しましょう

身近な人を感動、感激させるために、何か作戦を考えてみましょう。
誰に：
何を：

21 交流の基本を徹底「挨拶の力」

コミュニケーションの出発、基本となるものは何でしょうか。家族や学校、職場、地域社会など、どこにおいても人間関係の基本は「挨拶」となります。「おはよう」「こんにちは」など、ビジネスでも、日常生活でも、人と人との出会いで、最初に交わされるものが挨拶です。挨拶をきっかけとして、御縁が生まれ、人間関係がつくられます。縁や出会いといった視点から考えると、挨拶が、自分の人生や会社の行く先を大きく変える力を持っているということです。

挨拶は基本であると同時に、重要なものです。スポーツの世界では、何よりも「基本」を大切にします。野球であれば、素振りをすることが何よりも基本です。何百回、何千回、繰り返していく中に、実力として定着します。私は「剣道」をやっていましたが、同じく「素振り」の繰り返し、「素振り」の徹底が上達の秘訣です。同じように、人間関係の基本である「挨拶」

を徹底することは、豊かなコミュニケーションの秘訣ではないでしょうか。

剣道、柔道、相撲といった武道の世界でも、華道や茶道の世界でも、あらゆるところで、挨拶の大切さが語られています。「礼に始まり、礼に終わる」、こうした世界で、礼が大切にされるのは、相手に敬意を払うということはもちろんですが、儀礼を大切にすることで、自らの気持ちを引き締めるという側面があることでしょう。気持ちを引き締めることは、自分に刺激を与え、自分を高めることにもつながります。

世界的に有名な超一流ホテルの「ザ・リッツ・カールトン」では、どのようなおもてなし・サービスを心掛けているのでしょうか。ザ・リッツ・カールトンには、ホテルの哲学や信条を明文化した「クレド」というものが存在します。リッツ・カールトンの「心のこもったおもてなし」は、すべてこのクレドに基づいて実現されていると言っても過言ではありません。

このクレドは、カード化され全スタッフがこれを携帯しています。このクレドには経営理念をはじめとする、お客様に最上のサービスを提供するために必要な、様々な言葉が書かれていますが、従業員の行動指針として、「サービスの三ステップ」というものがあります。それには次のように記されています。

①「あたたかい、心からのご挨拶を。お客様をお名前でお呼びするよう心がけます」

②「一人一人のお客様のニーズを先読みし、おこたえします」

③「感じのよいお見送りを。さようならのご挨拶は心をこめて。お客様のお名前をそえます」

このような三つのサービスを一言にしたら、「挨拶の贈り物」「挨拶のおもてなし」といえます。

挨拶の本質は自分の心を伝える行為にほかなりません。そのため、究極的に問われるのは、挨拶をする人の心です。心がこもっていなければ、相手の心には伝わりませんし、残りません。ですから、心を込めて挨拶することが大切です。しかし、心は、伝わるような形にして示さなければ、相手に伝わりません。ですから、挨拶をするためには形を学ぶことも必要です。このように、心を込めるという姿勢と心を形に表すという両面が重要になります。

では、どうしたら「心を込めた挨拶」ができるでしょうか。それは、言葉の意味を意識すると、感情・心情がこもった挨拶となるのではないでしょうか。意味を噛《か》み締めて挨拶をしてみるということです。

まずは、「ありがとう」です。「ありがとう」という言葉は、もともとは「有り難し」という言葉に由来しています。「有り難し」とは、滅多にないほどのことを相手の方からしていただいた状態だと言えるでしょう。それに感謝することが、「ありがとう」「ありがとうございます」という言葉です。儀礼的に「ありがとうございます」「ありがとうございました」と言うのではなく、「滅多に起こり得ない、有り難いことが起こったんだ」と思ってみると心がこもってくるのではないでしょうか。小さなことに対しても、「ありがとう」という姿勢が大切です。

次に、「お世話になります」「お世話になっております」「お世話になりました」という挨拶です。人から自分のために何かしていただく、いただいている、あるいはいただいたときに、感謝の気持ちを表すのが「お世話になりました」「お世話になっております」「お世話になりました」です。そこで、「お世話になっております」という言葉を使うときには、「自分は一人で生きているのではなく、皆様の力を借りて、そのおかげで生きている、本当に感謝しております」という気持ちを込めてみてください。「お世話になっております」という言葉はまさに生かされていることへの感謝の気持ちを表したものだといえます。

また、「おはようございます」という挨拶です。「おはようございます」という言葉は、「お早い時間から、ご苦労様です」「お早い時間から、大変ですね」「お早い時間から、ありがとうございます」というような意味から始まっていると思われます。

さらに、「こんにちは」「こんばんは」という挨拶です。「こんにちは」には、もともと「今日は、良い日ですね」「今日は、お元気ですか」という意味であり、「こんばんは」も同様に、「今晩は、良い日ですね」「今晩は、お元気ですか」という言葉が込められています。言葉の意味を意識しながら「こんにちは」と挨拶をすれば、挨拶をするたびに、自分の中の肯定的な気持ちを呼び起こすことができることでしょう。

また、「さようなら」の挨拶は、「左様ならば」という言葉から来ています。「左様ならば、私はここで失礼します」という意味だったのでしょう。そこには、「今日お会いできたことは、とても嬉しかったです。本当にありがとうございます」という気持ちが含まれています。出会えたことに対する感謝の気持ちや、相手のこれからのことを思う気持ち、再度お会いしたいという気持ちを意識することで、「さようなら」と一言発するだけでも、心のこもった挨拶になります。

また、「お先に失礼します」という挨拶です。終業時に、部下が上司に対して挨拶をするときや、後輩が先輩に挨拶をするときには、「お先に失礼します」という言い方が一般的です。これは、「私が先に帰るのは、大変失礼なことですが、本日は、お先に帰らせていただきます」という意味になるでしょう。上下関係、先輩後輩の関係を大切にした気遣いの言葉です。反対に、上司が先に帰るときには、「お先に」とか「お先に失礼させてもらうよ」という挨拶をしますが、本来これは「みんな遅くまで頑張ってくれて、本当にありがとう。申し訳ないけど、私は先に帰らせてもらうよ」という部下たちに対する感謝の気持ちが込められた言葉といえます。

さらに、食事のときの「いただきます」という挨拶もあります。これは「食事を作ってくれた人に対する感謝」の思いや「自然の恵みに対する感謝」、「食事ができることに対する感謝」「ここまで生きてきたこと、生かされてきたことに対する感謝」というものもあるでしょう。これらの様々な感謝の気持ちが「いただきます」という言葉には込められています。

このような挨拶の言葉の意味を意識しながら、次のポイントを努力するならば、人間関係は必ず向上することと思います。まず、第一は、自分から先に挨拶するということです。挨拶をする場面では、相手よりも先に、自分のほうから声をかけましょう。一般的には、先に挨拶をした人のほうが、より積極的で、より「おもてなしの心」の高い人であると判断されます。

次のポイントは、相手の「名前」を呼んで挨拶することです。リッツ・カールトンというホテルが接客の中で大切にしているのが、この「名前を呼んでのおもてなし」です。予約の段階で、お名前は分かっているのですから、「○○様、ようこそお越しくださいました」と挨拶をすることができます。初めてのお客の場合、名前が分からないこともありますが、二回目以降であれば、顔を覚えておけば名前を呼ぶことができます。多くのお客は「私の名前を覚えてくれたんだ」と驚きます。「○○さん、おはようございます」「○○くん、おはよう」「○○さん、お疲れさまでした」など、一言加えることで、心がこもった挨拶になると思います。

三つ目のポイントは「ほめ言葉」とともに挨拶することです。挨拶をするとき、相手の良いところを見つけてほめてみましょう。これは、お世辞を言うということではありません。相手の良いところを見ようとする態度が必要だということです。ほめることとお世辞は、本質において異なります。ほめるとは、相手と相手の長所に対する敬意の気持ちから出てくる行為です。一方、お世辞というのは、自分にとって有利な状況をつくりたいがために使うものと言えるでしょう。「眼鏡が似合っていますね」「髪型が素敵ですね」「素敵なお召し物ですね」など相手の良い点をほめるようにしてみましょう。

まとめ

- 人間関係の基本である「挨拶」を徹底しましょう。
- 挨拶の「言葉の意味」を意識してみましょう。
- 「自分から」先に挨拶するよう努力しましょう。
- 「名前」を呼んで挨拶しましょう。
- 「ほめ言葉」とともに挨拶しましょう。

実践しましょう

三種類の挨拶を行ってみましょう。

①先に挨拶する

②相手の名前を呼んで挨拶をする
③ほめ言葉とともに挨拶をする

22 人と人を結ぶ「会話力」

●「話し上手」より「聞き上手・話させ上手」

心地良いコミュニケーションをとることができる人は、「会話力」が優れています。この「会話力」とは、心のキャッチボールである会話を円滑に導くことができる能力です。では、円滑な会話をするための秘訣をいくつか紹介いたします。

第一に「話し上手」より「聞き上手・話させ上手」になるということです。

「話し上手」とは、一般的に「話し方が上手な人」と言われます。流暢《りゅうちょう》に話をしたり、表現力豊かに話す人は伝え上手かもしれません。しかし、必ずしも会話力が優れているとは言えません。それは、心のキャッチボールではなく、一方通行のコミュニケーションになる人もいるからです。「話し上手は聞き上手」というように、「聞くこと」が基本となっています。聞いてあげた分だけ的をついた話ができるでしょう。多くを語る人は自分の考えや情報を上手に語るかもしれませんが、相手はその内容を聞きたいとは限らないものです。聞きたくないけれども我慢して聞く場合もあります。会話の中で一番重要なのは、お互いに喜んで心地良くコミュニケーションが取れているかです。このように考えると、話し上手は「話させ上手」ということもできます。一方通行で聞くだけ、話すだけではなく、双方向で円滑なコミュニケーションをとることが大切なことです。円滑さは心を心地良くするので、もっと会話したい、もう一度会いたいという関係になります。

松下幸之助氏は、部下の話をよく聞いたといいます。平社員の話でも真剣に熱心に、うなずきながら、質問しながら興味深く聞くので、「本当に話させ上手だ！」と言われたと聞いたことがあります。相手が「もっと、話したい」「自然に、どんどん話をしていた」となる場合が、まさに「話させ上手」です。

このように、話させ上手とは、聞くだけではなく、話しながらでも、相手が話したくなるように促すことができることです。自分の話したいことを話すのではなく、相手が聞きたがっていることを考えながら話し、相手が積極的に会話に乗ってくることができるように促す能力です。そのような人と話をしていると、「自分のことがどんどん話せて気分がいい」と感じ、口も滑らかになります。このように、本当に中身のある会話をすることのできる話し上手とは、相手の欲求を正確に受け止めることができる聞き上手の人ということになります。

会話の中で、聞くときの重要な要素の中に「共感」というものがあります。相手の意見に、自分のことのように賛同、共感してくれる人がいれば嬉しいものです。相づちを打つのがうまい人であれば、そのタイミングの良さについ乗せられてしまうものです。しかし、あとで思い返してみると、「何か物足りない」と感じることはないでしょうか。確かに、会話をしている最中は「話が弾んでいる」と思っていたのに、あとで考えるとそれほどでもなかったり、ひどく中身のない会話だった、と思えてしまうこともあるかもしれません。それでも「相手に合わせる」というのは、親近感を生むし、いいことのような気がします。

●「Ｙｅｓ・Ｂｕｔ法」の切り替え方

第二に、「Ｙｅｓ・Ｂｕｔ法」という話の切り替え方があります。

人それぞれ、物の見方、考え方は違いますが、その意見をぶつけ合ったら心地良い会話にはなりません。無理に自分の意見を押し通そうとすると相手も感情的になってしまい、挙句の果ては水掛け論になってしまうことがあります。反対意見を言うにしても、相手の話を受け止め、上手に切り替える秘訣が「Ｙｅｓ・Ｂｕｔ法」です。

〈Ｙｅｓ〉　〈Ｂｕｔ〉

「確かに、ごもっともです」＋「ですが、この場合は〜」

「そういう考えもありますね」＋「しかし、私の意見は〜」

「あなたの言うことも分かります」＋「でも、こうも言えます」

「それも一理ありますね」＋「それでは、こういう方法はどうでしょうか」

このように、まず受け止めてから、こちらの意見を言うことです。受け止めることなく、「それは違うよ！」と否定したり、相手の話を無視して自分の話を始めたりすると、気分が悪いものです。どんなに良い意見でも受け入れられなくなります。まずは、相手の意見や発言に対して「なるほど！」と受け止めることが重要です。違った考えに対しても、受け入れる心の器があれば、会話は円滑になります。

●「共通点」よりも「相違点」に注目

第三に「共通点を注目する」より「相違点に注目する」ことです。

「なるほど……」「そうですね……」「私もそう思います……」「私と同じです……」という言葉を発するように、会話の中で、共通点があると意気投合したり、同感したり、共感しやすいものです。しかし、会話の本当のおもしろさというのは、相手と自分とが考えや意見が異なることにあります。もし、自分とは違う考えや意見を聞いたら、「どうしてそう考えるのですか？」「そのように思うようになったのは、いつからですか？」というように、自分との「違い」についてさらに突っ込んで聞いてみるのです。「それでどうなったの？」「それから？」と促し上手な人、質問上手な人は話を深め、おもしろくすることができます。するとそこには、自分でも想像もしていなかった発想や着眼点があるかもしれません。だから会話をしているときにお互いの「違い」を感じても、違いに葛藤するのではなく、そこに注目して話を深めていくならば、充実した会話になることでしょう。

●「メリット強調法」と「肯定表現」

第四に、喜んでやってみたくなる「メリット強調法」というものがあります。

何か相手にお願いするにしても、指示や指摘するにおいても、言い方次第で受け止め方が違います。より効果的な表現の中に、「メリット」を強調する表現があります。何事も、デメリットを強調してやめさせようとしても、なかなかやめられないものです。しかし、メリットを強調されると、難しいことでもやりたくなる心理があります。

例えば、「たばこは体に悪いからやめましょう！」と言われるよりも、「たばこを吸わないと、このようなメリットがあります！」と言われたほうが、心が動くものです。

親子の会話においても同じです。「早く勉強しないと、後悔するよ」と戒められるよりも、「早く勉強していたら、時間に余裕ができて、あとで楽になるよ」と、メリットを強調されたほうが、前向きに頑張ろうとするのではないでしょうか。

ポイントは、相手の立場に立って「メリット」を強調することです。そのような話し方を心掛けている人は、相手のメリットを意識した生活になり、「相手のために」という愛を動機とした言葉の使い方になることでしょう。

公衆トイレに掲示されている言葉も最近は変化しています。以前は、「汚さないようにしましょう」「みんなできれいに使いましょう」という言葉が多かったのですが、最近は「いつもきれいに使っていただきありがとうございます！」という言葉が掲げられています。完全な肯定表現であり、気持ち良く使うことができます。会話においても、肯定表現、前向き表現、メリット強調のほうが、相手の心に届く言葉になります。

●親密感を増す「失敗談」

第五として、相手に親近感を持たせる「失敗談」です。

会話においても、セミナー、講演会においても、相手が間違いなく聞き入る話題があります。それは「失敗談」です。笑わずにはおれない失敗談は、心を和ますものです。なぜか、人は他人の失敗を聞きたがり、おもしろがるものです。一般的には、失敗した出来事は笑われるのではないかと思い、隠したくなるものですが、逆に開けっぴろげに紹介すると、相手はユーモアとともに親近感を感じるものです。ピエロにしても、笑われてばかりのようで、笑わせている人気者です。

失敗談は相手に安心感を与えたり、会話のムードを明るくしたり、関係の親密感を増したりします。私も講演会で「家庭の様子」を紹介したりします。聞く人は、興味深げに聞きますが、そのような時は素晴らしい話よりも失敗談のほうが盛り上がります。

私が小学三年生の時、「家庭に関する作文を書きなさい」と言われて書いた作文がありました。私のつけた題名が「我が家の不幸」です。私が交通事故で死にそうになったこと、お祖母さんが電車にはねられて亡くなったこと、家族みんな一酸化炭素中毒で死にそうになったこと……などを紹介すると、あまりの不幸の多いことに驚き、あまりに悲惨すぎて思わず笑ってしまうようです。このように、人から笑われないようにと努力するよりも、時には積極的に「失敗談」を披露することは、会話も関係性も円滑にしていく有効な手段となります。

まとめ

- 「話し上手」より「聞き上手・話させ上手」になりましょう。
- 「共通点」よりも「相違点」を意識しましょう。
- 「Yes・But法」を活用し、相手の話を受け入れましょう。
- 「メリット」を強調し、意欲を引き出してみましょう。
- 相手を安心させ、親密感が増す「失敗談」を紹介してみましょう。

実践しましょう

身近な人に、今まで紹介した五つのポイントの中から一つ選んで実践してみましょう。

第三の能力

引き出す（コーチング）

23 人を伸ばす「コーチング（導く）力」

●「ヘルプ」から「サポート」の援助へ

コミュニケーション能力の中に、「人を伸ばす・導く能力」というものがあります。そのためのコミュニケーション・スキルのことを「コーチング」といいます。

人を指導するということは、相手を成長させること、できる人に導くこと、言葉を換えれば、「自己実現」できるように援助することです。「自己実現」とは、その人が本来持っている能力や可能性を最大限に発揮することです。この自己実現できるように援助することを「コーチング」といいます。それは、相手の能力を最大限引き出し、目標達成をサポートするためのコミュニケーション・スキルです。スポーツの世界では、監督とコーチという立場があります。「監督」

は、全体に責任を持ち指示命令する立場であり、コーチは選手に援助的指導をする立場でしょう。今、監督型の指導より、コーチ型の指導が注目されています。

さて、指導するとは「援助する」ということですが、その援助する方法として、二つあります。「Ｈｅｌｐ（ヘルプ）」と「Ｓｕｐｐｏｒｔ（サポート）」です。この二つの言葉は、共に援助ですが、深い意味においては大きな違いがあります。

「ヘルプ」は「できない人」のために、その人に代わってやってあげることです。例えば、幼い子供を親が世話したり、保護することはヘルプです。一方、「サポート」は、相手を「できる人」ととらえて、そばで見守り、より良くなるために、必要な時には手を貸すことです。子育てにおいても、子供が成長し、自立していくならば、幼い時とは違って、主体性を持って、何でも自分で責任を持って取り組もうとします。その時、親は子供を見守りながら、必要な時だけ手を貸すサポートの姿勢が大切になります。

子供だけではなく、大人に対しても援助する時、ヘルプとサポートの二つの方法があります。ヘルプは一見、すべてをやってあげることですから、とても親切な行為に見えます。ところがそれは、時には相手に対して「できない人」「自分ではどうすることもできない無力な存在」として見る、「否定的な人間観」があります。できない人に対して、「やってあげる」「答えを教えてあげる」「やり方を教えてあげる」となります。そうなると、「やってあげる人」と「やってもらう人」という、上下関係になりやすく、コミュニケーションも「指示・命令型のコミュニケーション」が基本となります。やってもらう人は当然、指示待ちの姿勢や依存型となり、主体性や責任感、自発性は育ちにくくなります。

●「ティーチング」から「コーチング」の指導へ

この二つの観点から、「指導」には、二つの形態ができます。「ティーチング」と「コーチング」です。ティーチングが魚の取り方を教えることであるとするならば、コーチングは魚の取り方を一方的に教えるのではなく、取ることを一緒に考えて魚の取り方を編み出させるようサポートすることです。サポートは、相手を「無限の可能性を持った有能な存在」として見る「肯定的な人間観」があります。

人間は一方的に教え込まれた場合、成長には限界があります。「言われたとおりにやりなさい」「やったようにやりなさい」と言われ続けると、時には力を失ってしまいます。成長しません。成長するためには、「任せる」「責任をとる」ということが大切となります。私自身の人生の主役は、当然「私自身」となります。私の人生の責任者も、当然「私自身」です。その本人が責任を持ち、できる人になるためには、あくまでも本人が主役となり、指導者は「サポート」していくことが必要です。

子育てにおけるサポートも、「ああしなさい！」「こうしなさい！」と、逐一子供のすべきことを指示することではありません。子供が自分で学び、発見できるよう、親は子供の邪魔をしないで、必要な時に手を貸すなど、子供の人生を子供に任せていくことです。そのために、子供は成長すると「好奇心」や「やりたがり」という心が湧いてきますが、これは自立して生きていくうえで、必要なことを学ぶために与えられた力といえるでしょう。サポートする姿勢には、相手に対して「できる人」と尊重する、可能性を信じる、肯定的な人間観が必要です。そして、どんな人も成長したいと思っているし、成長できると考えるのです。

●やる気と意欲を引き出す「コーチング」

人は誰もが、自分を信じてくれた人の期待に応えて、成長しようとします。

二〇〇〇年シドニー五輪で女子マラソンの金メダリストになった高橋尚子選手がいます。彼女を指導した小出義雄監督が、繰り返し「お前は一番になれる。絶対なれる。世界一になれる」と言い続けたという話は有名です。無名の高橋選手をまさに世界一にしたのは、監督のやる気を引き出し、才能を伸ばす「コーチングの力」ではないでしょうか。一方的に教え込むだけではなく、あくまでも責任を持たせ、意欲をかきたてる言葉を投げかけました。高橋選手は、ずば抜けた「素直さ」と「前向きさ」を持っていると同時に、主体性を持っていることが魅力です。

このように、心から信じてくれた人に対しては、心からそのようになろうと努力するものです。尊敬心を持って接してくれた人に対しては、自然に尊敬の心を持つようになります。

そこで、サポートするためには、ヘルプのような「指示・命令型の一方向のコミュニケーション」ではなく、「双方向のコミュニケーション」が必要になります。ヘルプを通しての関係は上司と部下のような、上下関係となります。サポートを通しての関係は、縦の関係になったり、横の関係になったり、様々に変化しますが、自由な雰囲気と友好的な関係をつくりやすいものです。ヘルプはヘルプする人が常に主体であり、主導権を握っており、ヘルプされる人は常に受け身です。しかし、サポートはサポートする人ではなく、サポートされる人が主役であり、主体になりますから、伸び伸びと主体的に行動していきます。

今までは高い所から低い所へ水が自然と流れていくように、上から下へのコミュニケーションが常識でした。答えを持った人が上に立つ人だったので、「指示命令型コミュニケーション」となります。生産者から消費者へ、会社から顧客へ、政府から国民へ、先生から生徒へ、上司から部下へ、親から子へ一方通行的でしたが、時代の変化とともにコミュニケーション形態も変化しています。上の人が持っていた答えが最善ではない場合も多いし、逆に下の人が持っている場合も多くあるでしょう。

●「一方向」から「双方向」のコミュニケーションへ

例えば、従来の経済の仕組みは「生産者本位」でしたが、今は「消費者のニーズに合わせたモノづくり」がメーカーにとって欠くことのできない視点になっています。従来、生産者が持っていた「答え」が消費者のほうに移ったととらえることもできます。「消費者本位のものづくり」「顧客本位の営業」「生徒本位の教育」「市民本位の政治」「患者本位の医療」などは、答えが移りつつあることを示しています。

人間と自然の関係も、人間の一方的な要求によって「自然破壊」がなされ、学校の先生と生徒の関係も先生の一方的な要求によって「学校崩壊」になっている可能性もあります。企業でも上司が部下に一方的に指示して部下を変えるのではなく、上司自身が部下への接し方、働きかけ方を変えるという本質的な変革が必要になっています。そこで、上下関係的支配型の関係から、パートナー的協力型の関係が必要となっています。

そこで必要なのが、双方向的なコミュニケーションであり、それを実現させるのが「質問」

です。「質問」を通して「相手の能力を引き出す・伸ばす」ことがポイントとなります。ですから、答えを持って権威的に一方的に教え込むのではなく、相手に気づかせる、悟らせる、主体的に行動させるという結果を出すためには、双方向のコミュニケーションが必要になります。このように「コミュニケーション文化の変化」が訪れています。

答えが上から下へと動きつつある原因は、大きく分ければ二つ考えられます。一つは「マルチメディアやインターネット」に象徴されるように、「情報の平準化」がなされて、誰でも瞬時に多くの情報を得ることができる時代になったことです。今まで、少数の権力者たちだけが握っていた情報をその他大勢の非権者たちが入手することで、その権力者たちが持っていた権威は当然縮小します。一部の人たちだけが情報や答えを持っている時代から、答えが分散化する時代になったということです。

またもう一つは、「人間観の変化」があります。以前は「人は基本的に怠惰であり、アメとムチによってコントロールしない限り動かない」という「否定的な人間観」がありました。しかし、今や「人は基本的に勤勉であり、条件や環境さえ整えば、特に周りから言われなくても自発的に動く」という「肯定的な人間観」を持つようになりました。人に対して、「不信感」を持つよりも、「信頼感」を持つ関係性が大切だという、心の本性が高まったのでしょう。このことからコミュニケーション文化が変化してきたともいえます。このように、すべての人間関係の中で、信頼感を持って、双方向のコミュニケーションをとりながら、サポートする姿勢が必要な時代となりました。

まとめ

・相手の「能力や可能性を最大限に発揮させる」コミュニケーションを心掛けましょう。
・相手を「できない人」と見るのではなく、「できる人」として信頼しましょう。
・「ヘルプ」よりも「サポート」して、「主体性」「責任感」を伸ばしてやりましょう。
・「指示・命令の一方向のコミュニケーション」から「双方向のコミュニケーション」を意識しましょう。

実践しましょう

子供や部下、同僚、友人などに対して、双方向のコミュニケーションを心掛けてサポートしましょう。

24 人生の主人公に導く「自己コーチング力」

●人を導く前に自分を導く人に

コーチングに基づいたコミュニケーションはすべての人間関係において、愛の関係性を育むポイントになることでしょう。しかし、人を導く前に、自分自身を導く人になっていなければなりません。人を育む前に、自分自身を育む生活をしていなければなりません。まさに、「自己コーチング」する生活です。自己コーチングのキーワードである「自己責任」「自己質問」「自家発電」という観点で説明します。

人生とは、不思議なもので、不幸な人には不幸な出来事が絶え間なく訪れ、幸せな人には幸せな出来事が絶え間なく訪れる傾向があるものです。では、不幸な人と幸せな人とは、何が違うのでしょうか？　様々な要因があるでしょうが、その一つに「口癖」が違うことが分かります。不幸な人の口癖は、「〇〇のせいで……」「〇〇が悪いから……」というものがあります。人や周りの「責任」を追及する心の姿勢が表れた言葉です。

一方、幸せな人の口癖は、「〇〇のおかげで……」「私が責任を持ってやります」というものです。人や周りに「感謝」する心の姿勢や自分が「責任」を持って取り組もうとする心の姿勢が表れた言葉です。何が大きく違うのかというと、他人の責任と受け止めるか、自分の責任と受け止めるかということです。

人生を充実させるポイント、成長するためのポイントは、「責任を持つ」ことであり、「主人意識を持つ」ことです。自己責任として人生を見つめ、何事にも取り組むならば、人生は成功と幸せな方向に導かれるし、自分自身も成長していきます。なぜかと言うと、自己責任を持つと「創造性・智恵・意欲・行動力」などを高めることができるからです。

●主婦からエステ世界一へ

エステ店経営者、エステティシャンとして二〇〇四年、日本最優秀賞を受賞し、世界百十か国の中でも最優秀グランプリを受賞した今野華都子さんという方がいます。今野さんは次のように語っていらっしゃいます。「私がエステを始めたのは四十五歳のとき。その前は六畳一間の部屋を借りて、まつげパーマをやっていました。そのときに、あるお客様にエステ的なことをしてさしあげたら、すごく喜ばれました。それで本当にやるなら勉強しなければいけないということで、通信教育で資格を取るための勉強を始めました……」。まさに、平凡な主婦からエステ世界一になった人です。

さらに、今野さんは平成十九年、志摩半島にある豪華なホテルのオーナーに請われて、そのホテルの社長に就任するという驚くべき経歴を持った方です。そのホテルは、著名な経営者がバブルの最中に計画、三百八十億円を投じて平成四年に完成したホテルです。全室から海が見渡せて、贅沢を尽くした内装ですが、バブル崩壊後、経営不振が続き、赤字は年々かさむ一方となりました。そのような時、今野さんが現オーナーに請われてホテルの社長に就任しました。

今野さんを迎えたのは社員百五十人の冷たい、あるいは反抗的な視線だったといいます。それまで何人も社長が来ては辞めていく繰り返しだったからです。今野さんがまず始めたのは、社員一人ひとりの名を呼び、挨拶することでした。また、全員と面接し、数か月間を通じて要望や不満を聞いていきました。そして、今野さんは全社員を一堂に集め、言いました。

「みんながここで働いているのは、私のためでも会社のためでもない。大事な人生の時間をこのホテルで生きる、と自分で決めたからだよね。また、このために会社が悪くなったとみんなが思っている不満や要望は、私や経営陣が解決することではなく、実は自分たちが解決しなければならない問題です」

そして、今野さんは二つの課題を全員に考えさせました。

「自分は人間としてどう生きたいのか？」

「自分がどう働けば素晴らしい会社になるのか？」という質問です。

ホテルが変わり始めたのはそれからです。自分の担当以外はやらないという態度だった社員が、状況に応じて他部門の仕事を積極的に手伝うようになっていったそうです。就任二年半、ホテルは経営利益が出るようになりました。全社員の意識が瀕死《ひんし》のホテルをよみがえらせたのです。今野さんが折に触れて社員に伝えた「自分を育てる三つのプロセス」というのがあります。

一、笑顔

二、「ハイ」と肯定的な返事ができること

三、人の話をうなずきながら聞くこと

仕事を受け入れるからこそ自分の能力が出てくるのだから、仕事を頼まれたら「ハイ」と受け入れてやってみましょう。「できません」「やれません」と言ったら、そこですべての可能性の扉が閉まります。そして、教えてくれる人の話をうなずきながら聞くのが、自分を育てていく何よりの道なのです。今野さんはそのように強調しました。この三つはそのまま、人生を発展させ、繁栄させるプロセスと言うこともできます。

●「自己責任」と「主人意識」

このホテルをよみがえらせたポイントは、「自分が責任を持つ」姿勢であり、「主人意識・オーナーシップを持つ」という姿勢だったことでしょう。「自己責任力」は個人も、家庭も、企業をも活性化させていくキーワードとなるものです。

どのような姿勢で取り組むかによって、その成果が違うことは想像できるでしょう。「一対一・六対一・六の二乗の法則」というものを知っているでしょうか。やりたくないことを嫌々ながらやったときの効果を「一」とします。次に、同じことでも「やるべきだ」「世のため、人のため、自分のためになることだ」「決して、社会や人にダメージを与えることではない」と、やりたくないことでも、納得して取り組んだときの効果は「一・六」になるといいます。さらに、「それは楽しい」「思わずワクワクする」「ぜひやりたい」「世のため人のためにもなる」と、やりたいことを喜んで行うときの効果は、「一・六の二乗（約二・六倍）」になるといいます。

このように、自己責任を持って意欲的に取り組むならば、モチベーションを高く持つことができるし、効果、成果が高まるようです。

では、自己責任を持つためにはどのようにしたらいいでしょうか。それは「自己質問」をすることです。自分自身に尋ねるのです。先ほどのホテルが変化したきっかけは、二つの質問を各自が自分自身に問いかけたところにありました。

「自分は人間としてどう生きたいのか？」

「自分がどう働けば素晴らしい会社になるのか？」という質問です。

人は誰もが、問いかけられたら答えたくなるものです。同じように自分自身に対しても問いかけると無意識に答えを探すようになります。自分で探した答えは、誰のせいでもなく自分が決めた答えとなります。今まで人のせいだ、環境のせいだ、組織のせいだ、体制が悪い、と言っていた人も、自分の答えに対しては責任を取ろうとします。このように、「自己質問」を繰り返すならば、創造性や知恵を引き出し、可能性を見いだす人になるでしょう。自己質問を繰り返し、自分で答えを探していくことを「自己コーチング」といいます。自分自身を導く能力を高めましょう。そこで有効なのが「自己質問」です。日常の生活でも、すぐに人に聞くのではなく、自分で決めつけるのではなく、改めて自分自身に「質問」してみたら、新しい発見をするかもしれません。

●「自己質問」しながら「夢と目標」を見いだす

このように、自己質問をしながら「夢や目標」を明確にした人の人生は可能性に満ちています。「夢は何か?」と自分に尋ねてみましょう。夢は詳細で明確なほど実現は近づきます。しかし、大きな夢を描く人は多いのですが、実現できない人も多いものです。

それでは何が必要でしょうか。夢が明確になったら、そのための「具体的な目標は何か?」と尋ねることも大切です。夢と目標をセットにして取り組むと、能力も向上します。その人の実力や状況は刻々と変化します。「いまの自分の実力を知り、その実力に合った目標を設定する」ことが自分を大きく変化させる秘訣《ひけつ》のようです。

このように、自己質問し続けて、やるべきことを見いだし、その目標に向かってコツコツ努力を続ける人は、偉業を成し遂げることができます。大切なのは、いまの自分の実力に合わせた目標を設定し、絶えず新鮮なモチベーションをつくり出すことです。このような「自家発電」「セルフモチベーション」によって行動する人の人生は、創造的人生となることでしょう。

まとめ

・人の責任を追及するよりも、率先して責任を果たす人になりましょう。
・問題の犯人探しよりも、感謝し解決の道を探しましょう。
・どのような立場であっても、「主人意識」を持って取り組みましょう。
・「自己質問」をしながら、夢や目標を見いだし、その実現に取り組みましょう。

実践しましょう

先ほど紹介した二つの質問を自分にも投げかけてみましょう。

「自分は人間としてどう生きたいのか？」

「自分がどう働けば素晴らしい会社（家）になるのか？」

25 可能性と解決を見いだす「質問力」①

●聴く力のある「質問上手な人」

コミュニケーションを円滑にするための効果的なポイントに「質問」というものがあります。質問上手な人と話をすると、話しやすいし、心地良いし、もっと話をしたいという思いになるものです。「コミュニケーション能力の高い人とは、『質問上手な人』」と言うことができるほど、重要な要素となります。

まず、質問力のある人は「聴き上手」です。聴いてあげることの良さや効果をよく分かっている人です。聴いてあげるだけで、相手が変わることが多くあります。なぜかというと、「口を開くことは心を開くこと」と言うように、話せば話すほど心が解放されるのです。心を閉ざす人は、口数が少なくなります。口を開き続ける人は、心も解放されます。このように、話すことを快く前向きに聞いてくれる人がいると、心が浄化されるのです。

聴いてもらうことで、「気持ちが整理」されます。話しながら「そうか、私はこのようなことを考えていたんだな」と改めて再確認させられます。そして、心がすっきりして、気分が軽くなります。さらに、適度な質問をしながら聴いてあげるならば、話しながら問題の本質を自分が発見したりします。「ここが問題かな……」という発見です。さらに「それに対してどうしたらいいと思いますか?」というような質問を受けるならば、「どうしたらいいのか」「何からやるべきなのか」「何が効果的なのか」などを考えることを通じ、解決の道が見えたり、解決の力が湧いてきたりします。

このように、聴くことをより深めるために効果的なことは、「質問」です。質問されることを通じて、より深く考えるようになり、より広い視野で見つめるようになり、様々な角度から考察するようになります。

●子供の主体性を伸ばす「質問」

親子の会話を考えてみましょう。子供が母親に向かって次のような話をしたとしましょう。「お母さん、テストの点数が良くなるためにはどうしたらいいのかな?」。あなたがお母さんだったら何と答えますか? 多くの人が、「それはね。こうじゃない」と言いながら、自分の意見を言うことでしょう。子供は何か良いアドバイスを願っているのですが、その時、答えを教えることや提案するのではなく、「あなたはどうしたらよいと思う?」と聴いてみたらどうでしょうか。

そのように逆質問されることを通じて、子供は改めて解決の道、効果的な方法を自分で模索し始めるものです。親は自分なりの答えがあったとしても、子供に考えさせることや一緒に考えることで、より良い答えを探すことができるでしょう。自分で発見したり、考えたりしたことは、人から教えられたものよりも、強い自覚とやる気につながるものです。

また、次のような親子の会話はどうでしょうか。子供がピアノの教室に通っていたとしましょう。ある日、突然「あの……ピアノの教室、やめたいんだけど……」と言いました。あなたが親だったら何と答えますか? 多くの親は、「どうして? 何があったの?」と原因を聞きだそうとしたり、「何言っているの、あなたからやりたいと言ったのよ!」と強く言い返したりすることでしょう。しかし、この時、「やめたいの?」と冷静に子供の気持ちに共感し受け止め、さらに「本当にやめるの?」と軽く聞き返すようにしたらどうでしょうか。子供は気持ちをただ冷静に肯定的に受け止めてもらうと、改めて「自分は本当にやめたいんだろうか?」と自問自答しながら、冷静に考え直していくものです。

子供の言葉に対して、すぐ答えを出したり、判断したり、提案しなくてもいいのではないでしょうか。子供はいくら幼くても、自分なりに考えを持っていたり、考えられる能力を持っています。自分の人生に対して、自分で判断し、責任を持つ習慣を身につけるならば、大きく成長していくでしょう。この時大切なのは、一緒に考えてあげる姿勢です。「自分で考えなさい」と突き放すのでもなく、「こうしなさい」と決めつけるのでもなく、一緒に考えてあげることで生きる意欲と知恵が身についていくことでしょう。

このように、親子関係も考えてみると、親は子供の話を聴いているようで、案外聴いていない場合が多いものです。それは子供よりも親のほうが、何でもよく知っていると思っているから、知らない子供に教えなければならないと思うからです。しかし、子供は、幼くとも自分なりの答えを持っています。

親にとって大切なことは、その答えが本当に子供にとって最適なものなのかどうかを一緒に考えることです。子供の答えをサポートすることです。親の考えを押し付けるのではなく、子供が自分の生き方を見つけられるようにサポートすることです。親子関係だけでなく、すべての人間関係も同じように、聴く姿勢が大切となります。このようなサポートする時に、有効なのは「質問」です。質問することを通じて、相手の気持ちを引き出し、整理し、相手の能力を引き出すことになります。

●「閉じた質問」と「開いた質問」

「コーチング」というコミュニケーション・スキルは時に、「質問のリーダーシップ」と言われます。的確な質問で「気づき」を引き出す。的確な質問をすれば、相手の問題点を整理し、方向付け、解決策を見いだすことができます。

では、質問には、いくつかの種類がありますので、紹介します。

まず、「閉じた質問と開いた質問」というものがあります。「閉じた質問」とは、問いかけられた人が、それほど考えなくてもすぐに答えられるような質問です。正解が一つしかなく、「はい」や「いいえ」で答えられるような質問です。一方、「開いた質問」とは、問いかけられた人が、すぐには答えられないような質問で、正解が複数あるような質問、答えを相手に自由に考えさせる質問です。このような両方の質問を、場の状況に合わせて使うことが有効です。

例えば次のような会話があります。「最近、どうですか?」と開いた質問をしたとしましょう。すると、「ふつうですよ」と答えました。さらに、「体調はどうですか?」ともう一度開いた質問をしました。すると、「まあまあですね」と答えました。この対話を見ると、あまり快く心を開いていないようです。このような場合は閉じた質問が有効な場合があります。例えば、「胃の調子はもう大丈夫ですか？」と閉じた質問をすると、「はい」または「いいえ」と答えるでしょう。このように、二つの質問をそれぞれの特徴を利用してうまく使い分ける必要があります。

しかし、相手の持つ能力や可能性を伸ばすためには、「開いた質問」を心掛けることが大切です。「開いた質問」は、潜在意識のより深いところまで意識を向けることができるので、より深く考え、より深く悟るきっかけになります。

●「否定質問」と「肯定質問」

さて次に、「否定質問」と「肯定質問」というものがあります。「否定質問」とは、問いの中に「ない」という否定形の言葉を含んでいる質問であり、「肯定質問」とは、問いの中に「ない」という否定形の言葉を含まない質問です。より有効に解決を見いだすためには、「肯定質問」が大切になります。例えば、「どうして、うまくいかないのか？」という否定質問より、「どうしたら、うまくいくのか？」という肯定質問。「何が、はっきりしないのか？」というよりも、「何が、はっきりしているのか？」と質問したら、肯定的な可能性を引き出すことになります。

●「過去質問」と「未来質問」

さらに、「過去質問」と「未来質問」というものがあります。字のごとく、「過去質問」は問いの中に「過去形」の言葉を含む質問であり、「未来質問」は問いの中に「未来形」の言葉を含む質問です。この場合も、より「未来質問」が有効になります。可能性とは「将来的にそうなる、そうできる実現性」のことであり、「未来形」の中に存在するからです。

このような質問の種類がありますが、日頃「閉じた質問」「否定質問」「過去質問」になりやすいものですが、より「開いた質問」「肯定質問」「未来質問」を活用することがポイントになります。

これからやるべきことを、相手から指示・命令・提案されてするのと、自分で気づき自覚して取り組もうとするのとでは、結果も大きく違ってきます。自分で答えを見つけると「自分自身の答え」という当事者意識が強くなり、責任を持って解決に当たるようになります。

リーダーなど相手から与えられた答えは、どれほど正しくとも他人からの助言ですから、どうしても当事者意識が薄れてしまいます。一方、「自分の答え」という意識があれば、行動の結果、成功すれば自信につながり、たとえ失敗したとしても次への反省材料として活《い》かすことができます。さらに、「自分で答えを導き出す」という経験を積むことで、確実に成長するようになり、自分の可能性を信じるようになることでしょう。

まとめ

- コーチング、サポートの基本である「聴く」姿勢を持ちましょう。
- 「質問」を通じて、相手の気持ちを引き出し、整理し、能力を伸ばしていきましょう。
- 「開いた質問」「肯定質問」「未来質問」を意識して、解決の道を探していきましょう。
- 「自分で答えを導き出す」ことから、主体性、自発性、責任感を伸ばしていきましょう。

実践しましょう

相手の言葉に対して、すぐに結論や意見を出さず、相手に三回以上聴いてみましょう。

26 可能性と解決を見いだす「質問力」②

●「質問」を変えると「人生」が変わる

今、日本で一番メジャーな心理療法がカール・ロジャースの「来談者中心療法」です。クライアントの訴えにひたすら耳を傾け、その人を全面的に受け入れるという「受容」「共感」「自己一致」をベースにしたものです。

ロジャースの療法の本質は人間尊重の精神であり、徹底的に人を信じるところからスタートしています。人間には潜在回復能力が本来備わっているので、それを内側から引き出す治療をすればよいと考えました。人間の中核は「建設的で成長を目指す存在」であり、それは「水と太陽があればすくすく育つ」とするようなものでした。生きる意欲を引き出すことこそが、治療では何よりも大事だと考えました。このような心理学で強調した「傾聴」をさらに深めるためには、「質問」の併用が大切になります。

今までも、可能性を引き出し、解決を見いだすためには、会話の中で「質問」を用いることを説明しました。自分に対しても、他人に対しても質問したり、されたりしていくと、今まで考えていたことを改めて表現することで心が整理されます。また、今まで考えていなかった領域まで思考するきっかけになり、考えが深まるがゆえに新しい気づきや発見をする場合もあります。指示命令や提案に対して、受け止めているだけでは成長しません。自分で考えて、自分で提案し、自分で判断・決断してこそ「知恵」や「創造力」「決断力」が高まります。

例えば、難しい仕事を前にして、「難しい、駄目だ、不可能だ！」と考えている場合でも、「できる可能性はないか？」と質問すると、可能性を探す視点になります。また、「成功させるためには何が必要か？」「成功するためには何からやればいいか？」などのように、成功することを大前提にした質問をし続けると、「成功する」という肯定的な観点から見つめ直そうとします。このように、質問の内容によって人生に対する視点が変わります。自分自身や他者に対して前向きな質問をすることによって、前向きな思考や建設的な結果を手に入れることができます。そういう観点から言えば、人生を変える秘訣は「質問」の活用と言えます。

人生の中で、課題・問題があった場合、解決の道を見いだす一番良い方法は「優れた質問を考えること」と言うことができます。的確な素晴らしい質問を投げかければ、素晴らしい答えを見いだすことができます。そのためには、自分自身や他人への質問の量を増やし、質を高めることが重要です。質問によって、ものの見方がすっかり変わり、新鮮な目で問題点を見つめ、それを解決することができるようになるでしょう。ですから、コミュニケーションの中に、どれだけ質問があるかが大切です。柔軟な思考、豊かな発想、向上心が高い人ほど質問を大切にします。効果的なコミュニケーションの方法とは、二〇パーセントの意見と八〇パーセントの質問だと説明する専門家もいます。

では、コミュニケーションを深めるために、どのような質問をしたらよいでしょうか。効果的な質問の技法として次のようなものを活用することも有効です。

「5W1H」を深める質問

What（なに、どんな）：「何だと思う？」

Why（なぜ、どうして）：「どうしてだと思う？」

Who（誰）：「誰に話したらいいと思う？」

When（いつ）：「いつまでにできると思う？」

Where（どこで）：「どこに行ったらいいと思う？」

Ｈｏｗ（どうやって、どうすれば）：「どうやったらいいと思う？」

このような質問を受けることを通じて、さらに深く考察するようになるでしょう。思い込みの強い人や深く考察しない人には有効です。しかし、矢継ぎ早に質問をしたら、追い込まれるような状況となり、冷静な判断や柔軟な思考などできません。誘導尋問のように、質問する人が結論へと意図的に導くのであれば、相手に聞いているように見えても、一方通行のコミュニケーションとなります。あくまでも、相手の状況を把握しながら、適度な質問をタイミング良く投げかけることが大切です。

すぐあきらめやすい人、習慣的に行動する人、変化ができない人、考え方を変えられない人には、５Ｗ１Ｈの質問を通して変化を起こしましょう。このように、様々な角度からの質問は、新たな「気づき」へと導いていくものです。

「尺度質問（点数質問）」

質問したとしても、自分自身の状況を言葉で的確に表現できない場合もあります。感情は目に見えないものであり、人それぞれ違う感性を持っていますから、簡単には表現できません。そのような時、有効なのが幸福度、満足度を数字で表現する「尺度質問」です。

「最高の満足状態を『10』とした場合、今の満足度を数字で表すといくつですか?」と質問します。言葉で表現しにくい感情を数字で表すことによって感情表現させる方法です。その時、「1」や「0」など低い点数で答える人もいます。その時、「どうしてそんなに低いのですか?」と尋ねたくなります。そのように質問すると、人生の不満や不安、怒りの部分に焦点を合わせることになります。そのような気持ちを受け止めることも大切ですが、もっと大切なのは「マイナス思考」のクセを「プラス思考」に切り替えてあげることです。

そのためには、どんな低い数字を言っても、「ほめてあげる」ことが大切です。「1」と言った人には、「いいですね。0と言われる人もいます。プラスの部分があるから……」と言ったり、「0」と言った人には、「いいですね。マイナス10と言われる人もいます。0は新たな出発だと思ったらいいですね……」と言ったりしたらどうでしょうか。相手は笑ってしまうかもしれません。重要なことは、笑いとともに、相手の発想が変わることであり、視点が変化することです。

また、質問に対して「3」と答えた人がいたとしましょう。その時、「一つあげて『4』にするには何が必要ですか? どうしたらよいですか?」と質問していくのです。すると、過去志向型の人や問題探求型の人も、「どうしたらいいのか」という解決志向的になり、「どうなったらいいか」と未来志向的になります。当然、向上心、前向きな心が宿るようになります。

「奇跡質問」

また、現状の課題や問題を気にしすぎて、飛躍、転換できない人には「奇跡質問」が有効です。これは、「奇跡が起きた」ということを仮定して解決法を模索する方法です。例えば、「今晩、あなたが床に入り、寝ることをイメージしてください。そうして、明日の朝、あなたに奇跡が起こるとします。朝起きて、何が変わっていれば奇跡が起きたと思いますか？」と、質問します。すると、夫婦仲で悩んでいる人は「夫が優しくなることかな……」と答えるでしょう。抽象的な考えの人には具体的変化を考えさせてみるのです。奇跡が起きたら、何が実際に変わるかを想像させることが心の変化のきっかけになります。

夫婦仲が良くなった姿をイメージするならば、心がうきうきしたり、わくわくしたり、嬉《うれ》しくなります。さらに、「ご主人が優しくなるためには、どうしたらいいですか？　何が必要ですか？」と質問していくのです。すると、前向きに変化させる行動をイメージするようになります。

「過去にご主人が優しくなったという経験はありますか？」と、過去の小さな成功体験、幸せ体験を引き出すことも有効です。過去にない場合、少しでもそのような奇跡が起こるようにするために何をしたらいいか、探しながらできることから目標とするのもよいでしょう。話していくうちに、自分で奇跡を起こすことができるのではという心が芽生え始めます。さらには、奇跡という幸せを招くのは「自分自身」であることに気づき、相手に対する要求の心から自分自身が変わってあげようとする心へと転換することもあります。

「立場質問」

人間関係が苦手な人は、「自分の立場」でしか物事を考えられない特徴があります。自分の考えや感じ方と違うことに葛藤し、相手の気持ちを推し量る余裕はありません。そのような時は、立場を変えて考えさせる質問が有効です。夫婦の葛藤がある場合、「あなたがご主人さんだったら、どのように感じるでしょうか?」と投げかけると、自分の立場を離れて相手の立場から見る視点に変わります。そうすれば、今まで気づかなかった新たなことを発見したり、心に変化をもたらすこともあります。

第三者の話をして、「あなたがその方と同じ立場だったら、どのように思うでしょうか?」と想像させます。このような質問の繰り返しから、相手の立場に立つことができるようになり、第三者の立場から客観的に見つめることができるようになったりします。このように、立場を変えて考えさせる質問は、多面的な視点や考察ができるように導く質問です。

まとめ

・「傾聴」とともに「質問」を通して、知恵、創造力、決断力を引き出しましょう。
・「5W1H」の質問で、観点を深め広げていきましょう。
・「尺度質問」で感情表現の手助けをしましょう。
・「奇跡質問」で解決の姿を描かせましょう。
・「立場質問」で相手の立場、第三者の立場に立って見つめさせてあげましょう。

実践しましょう

紹介した質問の技法を用いて、身近な人に質問を投げかけてみましょう。（その前に、自分自身にも同じ質問をしてみるとよいでしょう）

第四の能力

心の均衡を保つ（バランス）

27 人生のバランスを保つ「平常心」

●「平常心」という心のバランス

コミュニケーションはじめ、充実した人生を歩むためには、「平常心」という心の持ち方が大切です。人生の中には、成功する時もあれば失敗する時もあります。重要なことは、成功したといって、ただ満足してはいけませんし、失敗したといって、あきらめてはいけないということです。成功した時は、成功できなかった時が土台になっていることを思い出さなければなりませんし、失敗した時、苦労している時は、必ずこの土台で成功する、幸せになることを信じ思い描くことが大切となります。まさに、「心のバランス」が大切だということです。そういう意味では、極と極を通過した人ほど安定した「平常心」を持つことができるのかもしれません。不動心といっても、心を一点にとどめることは難しいものです。極と極のバランスが取れて初めて、平常心を持つことができます。「バランス感覚」は肉体的にも精神的にも重要なことですが、「平常心」とは心のバランスということができます。

私は学生時代に長い間、剣道をしてきました。極限を超えた猛練習の中、多くの修練を受けました。優勝したり、メダルをもらったことも嬉《うれ》しいのですが、人生全般に通じる教訓を多く得ることができました。その中で、心の主管の難しさと大切さを感じました。本番の試合というものは、緊張したり、気負ってしまったりして、実力を発揮できずに終わることが多いものです。

試合で難しいのは、一回戦と決勝戦です。一回戦は「勝って当然」というプレッシャーもあり緊張しますし、決勝戦は「勝ちたい！」という気負いがあり緊張するものです。重要なことは、いかに日頃の練習の成果を出しきるかです。そのために大切なのが「心の主管」「心の管理」です。そのコントロールのポイントは「平常心」です。「剣道の極意は平常心なり、恐懼《きょうく》疑惑は心中の敵」と、詩吟の歌詞があります。剣道の試合の決勝戦となると緊張も極限に達します。

その時、思い出すのが、苦しかった練習です。「あれだけ苦しい練習をしてきたのだから負けるはずがない！」「私以上に苦しい練習をした人は、そういるはずがない！」と自分に言い聞かせました。苦しい練習が自信の源となるものです。また、緊張する試合ほど練習試合の気持ちで臨むと、リラックスして全力を出せるのです。このように、優勝を目前にしている時ほど苦しい練習を思い出し、緊張した試合の時ほど練習試合を思い出すようにしました。

逆を言えば、苦しい練習の時ほど優勝する瞬間の喜びを思い描きながらやり、練習試合の時ほど真剣な試合と思って完全投入するようにしました。このように、極と極を思いながら臨むと、「平常心」で取り組むことができ、自分の能力を一〇〇パーセント出し切ることができるのです。問題は、自分の心の中の恐れや疑いです。敵に打ち勝つ前に、己に克たなければなりません。

●勝負を決める「平常心」

野球の松井秀喜選手は、本の中で次のようなことを強調しています。

「結果を左右するのは、願いの強さではなく『平常心』ではないかと思います。400打席、同じような心境で打席に入れるかどうか。一打出れば勝てるという場面は、相手投手にとっては、一打浴びれば負ける場面です。ピッチャーとバッターのどちらがより『平常心』で臨んでいるかが、勝負の分かれ目になるような気がします。チャンスに強いバッターというのは、要するに、ここぞという場面でも『平常心』を保てる選手ではないでしょうか」

このように、「平常心」が大切なのですが、それを保つポイントが「極と極に通じたバランス」です。例えば、四メートルの長さの一本の棒を肩に担いでいると想像してください。右側の先に五キロの重りをつるしました。何とか落ちないように持ちこたえることができるでしょう。それをさらに十キロにしました。さらに二十キロにしました。少しの時間であれば持ちこたえることができますが、だんだん難しくなります。さらに四十キロまで重りをつるしたいのですが、どうしたらよいですか？　両端に均等に二十キロずつつるしたら長く持っていることができるでしょう。この教訓は、極と極の釣り合いが合ったらバランスよく長持ちするということです。

どんなスポーツにおいても、スポーツ選手にとっては、身体のバランスが重要になります。専門家にいわせると、「目線と肩甲骨のバランス」が必要だといいます。見たものを正確に認識するためには、左右傾かない目線が大切であり、手足のバランスを取るには、左右の肩甲骨が水平を保つことが必要だといいます。野球のイチロー選手はボールがバットに当たる瞬間まで、左右の肩甲骨を結んだラインを水平に保っているなど、非常にバランスのいい位置に保ちながら運動能力を発揮しているようです。この「空間認知能力」を高めるためには、歩くときも目線や肩甲骨、腰が傾かないように心掛けて歩く必要があります。

物理的な法則だけでなく、思いの世界も同じです。ここに一つの平均台があるとします。平均台の端に立ってからゆっくり台の上を歩いてみましょう。多くの人は落ちないで反対側まで渡ることができるでしょう。渡れて当然と思っているからです。では、同じ平均台ですが、十階建てのビルとビルの間にかけてありました。一歩間違ったらまっさかさまに落下します。さあ、同じように渡ってみましょう。どうでしょうか？　先ほどと同じように、すいすい渡ることができるでしょうか？　渡ろうとする人自体、いなくなるかもしれません。なぜかと言うと「落ちるかもしれない」という恐怖心に主管されるからです。心のバランスを失っているからです。渡る唯一の道は、ビルとビルの間にあったとしても、部屋の中にあると思って渡ることです。このように、心のバランスを持つことが平常心を保つ方法です。

●「瞑想《めいそう》」でバランスを取り戻す

ところで、「瞑想」という言葉を知っていると思いますが、具体的にはどういう意味でしょうか。実は、「瞑」と「想」はそれぞれ反対の意味を持っています。「瞑」とは、暗く静かになって、限りなく無へ近づくことです。「想」とは、思い描くこと、想像する、すなわち像を創り出すこと、有を生み出すことです。

まず目を閉じて、体からすっかり力を抜き、ゆるやかに呼吸をし続けて次第に五感を休息させながら、静かになっていく。これが「瞑」です。外界との接触を一次絶って、自分自身の内部の世界に沈んでいくのです。そして次に、まっさらになった心のカンバスに、思うままに絵を描くのです。それが「想」です。例えるならば、落書きでいっぱいの黒板を黒板拭きで拭き取るのが「瞑」、その後、きれいな黒板にチョークでいろいろと書き込むのが「想」です。

この時、瞑によって外界との接触を断つのですが、それは決して「無感覚」になることではありません。快も不快も取り除く無の状態であり、正しいことも間違ったこともなくすることです。言葉を変えれば、バランスを失った心をゼロにリセットすることです。これが不幸感から幸福感へのポイント切り換えの出発点なのです。そして、ゼロになったところで幸福の夢を描き、成功のイメージに浸ることになります。心に夢を描こうとしたら、まずゼロになることです。平常心になって初めて描けるのです。

スポーツの世界では、特別に瞑想を行っている訳ではないのに、瞑想の効果を活用する場合もあります。スポーツでの失敗の多くは、負けることへの想像が恐怖心を呼んで、筋肉を萎縮させることから起きます。では、この恐怖心をなくすためには、どうしたらいいでしょうか？

理屈は簡単です。勝つことを考えないようにすればいいのです。勝つことを意識すれば、ひょっとして負けるのではないかという恐れが強くなり、何かのはずみでマイナスのほうの考えに引きずられてしまいます。先ほどから、極と極の話をしていましたが、極端に極を意識するというよりも、プラスとマイナスの循環から抜け出るためには、瞑の行を行い無になることです。平常心になってゼロポイントにするのです。勝つか負けるかということにとらわれた感情の闘いの消された、気負いのない平常心です。

医学的に言ったら、「平常心とは交感神経と副交感神経のバランスが取られている状態」です。心理的には「物事に柔軟に対応できる」のが平常心です。

この平常心に至ることができれば、そこからは瞑想の「想」です。夢をイメージして描くことです。そこにはおおきな夢を描くことができるのです。平常心の土台ができたら、そこに描いた夢は実現します。このようにもっと大きい勝利を視覚化しなければなりません。瞑想をするのは、「視覚化訓練」です。視覚化を通して、未来に光り輝く自分のイメージを描くことがとても重要です。そのようなイメージを見つめながら、自らを励ましてください。皆さんの心を激励してください。困難を乗り越えるのだという、愛を込めた言葉を送ってください。そのようなイメージを思えば、そのイメージを成し遂げることができる確率が高くなるでしょう。そのイメージに絶対的に服従すれば、より多くの勝利、より多くの悟り、より多くの平和を成すことができるでしょう。

●幸せな人生の「イメージ力」

長嶋茂雄さんは選手時代、試合の前日の夜は、自分がホームランを打って、観客がどよめいているシーンを思い描き、そして家で迎えてくれる奥さんの笑顔、「何本目のホームランですね。おめでとう」という奥さんの言葉、そのホームランを祝ってのごちそうまで想像して眠りについたと言っています。

一般的な生活においても、その日のスケジュールを頭の中で反復するなど、会う人との会話や会議での発表のシーンを思い浮かべて、自分の行動を予行演習するのです。その時、イメージをどれだけ細かく描くことができるかによって、成否も大きく違ってきます。

自分と自分の人生に対して、肯定的で明るいイメージを描いてみましょう。私たちの人生は、私たちがどんな考えをして生きるかによって変わってきます。肯定的に考えれば、私たちの人生もそのようになります。私たち自身の未来を描く時、〝勝利する私〟〝成功する私〟〝平和をつくる私〟としてイメージ化し、それを成すために努力すれば、皆さんは人生においてより多くの勝利、より多くの悟り、より多くの平和を得ることができるでしょう。

まとめ

・どんな状況でも「平常心」を持てるように意識しましょう。
・苦しい時は楽しいことを、楽しい時は苦しいことを考える習慣を持ちましょう。
・体のバランス、心のバランス、人間関係のバランス感覚を身につけましょう。
・よりプラスのイメージを持って心に力を与えましょう。

実践しましょう

静かに瞑想し、心のバランスを取り戻し、幸せな姿を思い描きましょう。

28 心と体を健康にする「呼吸法」

●「呼吸」から見る生命の公式

生きる上で最も大切なことは、「食べること」と考えがちですが、一日、二日何も食べなくても人は死ぬことはありません。しかし、「呼吸」はほんの短い時間だけでもしなければ生きることはできません。そういう意味では「呼吸」というものは本当に大切です。呼吸は、「呼気」と「吸気」の繰り返しです。吐くことは吸うことを前提とし、吸うことは吐くことを前提としています。この繰り返しが、生命維持の公式です。つまり呼吸では呼だけでは成り立たず、必ず呼のあとに吸があります。このどちらにも偏ることなく両極を行ったりきたりするリズムの運動は、あらゆる生命現象にもつながることです。

人間関係も同じように、「授けること」と「受けること」の繰り返しで成り立ちます。呼吸は「良く吐くこと」と「良く吸うこと」で成り立っているように、人間関係も「良く授け」「良く受ける」ことで愛の関係が成り立つようになっているということです。

呼吸を「息をする」とも言います。「息」とは「生き」と同根の語で、「生命」や「いのち」といった意味を含む言葉です。また、「息」という字は、自らの心と書きますが、息＝呼吸が心や感情に関連することを示しています。ですから、「息がつまる」「息をこらす」「息があう」「息がかかる」「息が弾む」など息を使った言葉は多いものです。

●「自律神経」をコントロールする呼吸

また、呼吸の運動には自律神経が大きく関与しています。自律神経は主に二つに分類されます。一つは交感神経で、活動時に働き、「元気の神経」といわれる神経です。一方、副交感神経のほうはゆったりとし、安静にしているときに優位に働く神経で、血管を拡張したり、心拍数を下げたり、胃腸の働きを良くしたりする神経です。体の要求に合わせて呼吸を速める時は交感神経、遅くする時は副交感神経が主に働きます。また一般に息を吸うときは交感神経が優位に、息を吐くときには副交感神経が優位に働くといわれています。

呼吸の中でも浅い呼吸は、酸素を十分取り込めないばかりか、自律神経の不調をきたし、心にも影響します。ですから悪い呼吸は万病の元といえます。浅く速い呼吸は、肩が上下するような胸式呼吸が中心の呼吸。酸素を十分取り込めないために体を構成する細胞への酸素供給が滞り、細胞の力、ひいては組織や体全体の抵抗力を落とす可能性があります。胸式呼吸は交感神経を優位にするため、いつも活動的で体が休むことができません。いつも神経がぴりぴりしてイライラもたまり、そのうち心も疲れ果ててしまいます。

●「精神修養」のための呼吸

深い腹式呼吸や丹田呼吸では、横隔膜の収縮・弛緩で肺が上下に大きく動く呼吸のため換気量の多い深い呼吸ができるようになります。その吸い込んだ息をぐっと下腹に押し込めることで重心が下がり、最大限の力を発揮することが可能になります。またこのような体の安定が精神の余裕にもつながり、精神的な強さにもつながるとされています。

武士の社会では、座禅などの瞑想によって呼吸を整え鍛えることが精神修養になるとされていました。武士道で最も嫌がる感情は「恐れ」でした。日々の精神修養で「恐れ」に対する対処法を研究していたと考えられます。武芸の稽古《けいこ》では、精神修養の方法としてハラ、丹田を意識した呼吸、丹田呼吸を学ぶことが大変重要視されています。「精神統一」とか「心技体」という言葉をよく聞きますが、武芸の道を究めるためには、体や技を磨くだけではなく、精神を磨かなければならず、そのためにはハラを意識した丹田呼吸が必要とされてきたようです。

ハラを意識した丹田呼吸は、ある意味で情報の許容量、キャパシティーを多くする作業ともいえます。人間の器が大きいということは、自分の価値観と異なるものであっても自分の中に受け入れられるということです。呼吸法でハラを鍛えることは人間の器を大きくすることにつながるわけです。ですから、正しい呼吸法によって、人間の器を広げ、人を受け入れるコミュニケーション力を高めるという結果にもなります。

●健康に良い「呼吸法」

一般的に、呼吸は無意識に行われると同時に意識的にコントロールが可能な特殊な生理機能です。健康などを目的に呼吸を意識的にコントロールする方法を「呼吸法」といいます。では、呼吸法は何を大切にしているのでしょうか。

一般的には、呼吸は、「吸うから吐く」のでしょうか、それとも「吐くから吸う」のでしょうか。

ラジオ体操式深呼吸は、胸を張って息を吸うことから始める胸式呼吸中心の呼吸法で、西洋文化の流れを汲《く》んだ欧米式呼吸法といえます。その影響を受けて、普段の呼吸は吸ってから吐くが基本的なパターンという概念があります。

一方、座禅やヨーガなどに見られる東洋の呼吸法では、おなかをよく動かす腹式呼吸が中心で、息を吐くことを強く意識した深呼吸を行います。この呼吸は精神の安定や集中力の養成に効果があるとされています。ラジオ体操に見る深呼吸は、西洋的な「吸」が中心の思想を反映し、座禅やヨーガに見る深呼吸は、「呼」を中心としているといえます。このように、東洋の呼吸法では吐くことを中心にしています。

人間の生命の誕生は、最初にオギャーと産声を上げるとともにこの世での呼吸が始まります。まさに、吐いて人生が出発します。そして年を取っていき、最期には息を引き取ります。息を吐いて生が始まり、息を吸って死を迎えるといえます。

剣道という武道は、独特の呼吸法が身につくといわれます。「剣道では相手の呼吸を見ながら打っていく。息を吐いた時は『実』という強い状態にあるが、吸う時は『虚』という無防備な状態にある」と説明します。隙を見せないためには、できるだけゆっくりと長い息を吐き、ほんの一瞬で吸うようにしなければなりません。そして、相手が息を吸う無防備な瞬間を見計らって打ち込むのです。呼吸法は、へそから十センチほど下にある「丹田」に力を入れながら八〜十五秒ほどかけて息をゆっくり吐き、吐ききったあとに自然に任せてすっと吸う。吐くときは横隔膜を下げて腹筋に力を入れる「丹田呼吸法」と呼ばれる呼吸法で、弓道や柔道、合気道など武道全般に取り入れられています。

このように、呼吸法では「腹式呼吸」「丹田呼吸」が大切と言われます。「丹田呼吸」、丹田は、下腹部の中心（へその周辺、生殖器のあたり）で体の重心とされる部分と考えられますが、ここに気力を充実させることで身体の安定とともに心の安定も図れるとされました。丹田呼吸は、この丹田を強く意識した呼吸です。

●「気」を取り入れる呼吸

東洋の言葉に「吐故納新《とこのうしん》」という言葉がありますが、東洋の気の概念では、呼吸によって古いものを吐き出し、新しい気を体に入れるという考えが基本にあります。最近人気の高い太極拳なども、深くゆっくりとした腹式呼吸と体でゆっくりと円を描く運動を組み合わせたもので、呼吸や独特の動きによって外気と内気の出し入れ、もしくは交流を行う、という考え方が基本にあります。

東洋思想では「気」という概念を重視し、生命エネルギーの根源物質ととらえています。気は宇宙や自然界に充満しているもので、この気を吸ったり吐いたりすることによって、気を体の中に取り入れ、生命力の根源とすると、考えられました。宇宙や自然界に充満する外気と体の中に循環する内気を交流させる方法が呼吸法で、東洋で「調息法」と呼んだり、「導引吐納」などと呼ぶこともあります。この調息法を行うことで宇宙の大きなエネルギー、生命力といったものを私たちの体に取り入れるという発想があります。

言葉でも「気」を使う言葉は多くあります。「気が若い」「気が抜けた」「気が立つ」「気が小さい」「気が散る」「気が滅入る」、単語でも気力、気質、意気、元気、病気など、数多くの気に関する用語を日本語の中に見いだすことができます。

●「呼吸」を変えると「人生」が変わる

このように、「呼吸法」というものがありますが、人間以外の動物は、自己の意識によって呼吸を変えることができません。つまり、あるがままにしか生きられないともいえます。しかし人間は横紋筋を自由に使って、自己の意志で呼吸を変えることができます。つまり人間は呼吸によって人生を変える特権がある存在ということです。息を変えることは、生き方を変えることであり、生き方が変わってくると考えます。

このように、呼吸を整えることで、健康になり、心も安定し、心の器を大きくし、人間関係も良好になっていきます。「呼吸を変えれば、人生が変わる」ということです。

その呼吸を変えるポイントは、

①「呼息（吐く息）の時間を、吸う時間よりも長くする」（吐く息を強く意識した呼吸であること）

②「おなかの動きを意識した呼吸」（胸が上下する浅い胸式呼吸ではなく、腹式呼吸に重点が置かれた呼吸）

嬉しい時、楽しい時、幸せな時、どのような呼吸をしますか？　「気持ちいい〜」「おいしいね〜」「やった〜」「ありがとうございます〜」「あははは〜」。息を長く吐いて語尾が延びます。一方、悲しくて泣く時は、息を吸いながらしゃくりあげて泣きます。一回一回の短い途切れ途切れの呼吸になっているはずです。怒っている時や、緊張してどきどきしている時も、一呼吸一呼吸が短く、吸うほうが強くなっているものです。このように、呼吸と心の状態は密接につながっているので、呼吸の状態を意識的に変える「呼吸法」によって、心の状態を自分でコントロールすることが可能なのです。

このような呼吸法に合致した生き方とは、どのようなものでしょうか。呼吸の「吐くこと」と「吸うこと」の繰り返しのように、人間関係は「授けること」と「受けること」の繰り返しです。健康的な呼吸が「吐くことを多くし意識する」ことがポイントであったように、「良く授けること」を意識した人生が健康的な生き方になります。もらうこと、受けること、尽くされることで幸せになるのではなく、授けること、与えること、尽くすこと、投入することがより充実した人生になり、幸せな人生となるといえます。

まとめ

・ゆっくりと深い呼吸をしてみましょう。
・吸うことよりも、長く吐くことに意識を集中しましょう。
・腹式呼吸や丹田呼吸を心掛けましょう。
・「受けること」よりも、「授けること」「投入すること」に集中する生き方を意識しましょう。

実践しましょう

腹式呼吸を実践してみましょう。姿勢を正して、鼻から息を吸い込みおなかにためるようにします。おなかが膨らんだら、口から少しずつ吐き出していきます。吐く時間を長くしてゆっくりと吐いていきます。

29 人生を好転させる「陽転発想」

●「心の受け止め方」で人生が決定する

人生の幸不幸を決定する要素に「心の受け止め方」があります。コミュニケーションの上手な人は、作法だけではなく、心の受け止め方が上手です。

人生というものは、「事実」＋「受け止め方」で「現実」が決定します。事実は誰が見ても一つです。しかし、事実をどのように受け止めるかによって大きく二つに分かれます。肯定的に受け止めることと、否定的に受け止めることです。例えば、「病気になった」としましょう。病気は当然、良いことではありません。しかし、その時も二つの受け止め方があります。「病気のせいで」ととらえる場合もあれば、「病気のおかげで」という場合もあります。どんな状況にあっても、プラスの面を注目するとらえ方を「陽転発想」といいます。陽転発想とは、今、直面しているピンチをチャンスと受け止め、そのマイナスの出来事から学んで、プラスの方向に大きく人生を転換していこうという発想です。コミュニケーションはじめ、人生すべてを好転させる秘訣《ひけつ》が「陽転発想」です。

不安やピンチに背を向けることなく、正面から向き合えば、それはもう跳び越えるべきハードルであり、自分を成長させてくれる課題となります。「あ、これは生き方を変えるチャンスだ」とか「自分を成長させる試練だ」と考えるのです。しかし、口で言うのは簡単ですが、その不幸に直面している人にとっては、それどころではないのが事実です。ですから、日頃からそのような心を準備しておく必要があります。

●「病気」に対するとらえ方

『快癒力』という本がありました。主に難病といわれる慢性リューマチを治すことで有名になった医師・篠原佳年《よしとし》氏が書かれたものです。その本には、病気とその人の心の持ち方の関係が興味深く書かれています。そこには、次のように記されています。

「病気というのは、その人の体の内部から発信された、人生に対するメッセージです。『あなたの生き方は、病気になるほどバランスが取れていないのですよ』『だから、病気を楽しめとまでは言いませんが、せっかく、病気という形でメッセージを送ってもらっているのだから、じっくり、それを受け止めてみたらどうですか』。病気があなたに、過去の記憶の中にある『わだかまり』をはっきり見せ、『だから、あなたは病気になったのですよ』と教えてくれているのに、そのわだかまりから逃げてばかりいれば、いつまでたっても病気は治りません」

このように、受け止め方の大切さを強調しています。

また、患者さんに篠原医師がよく言う四つのことがあるそうですが、それを紹介します。

誰でも自分で望んだものすべてを、手に入れているということ。（思いは実現します。病気も健康も、あなたが心にイメージしたから実現したものです）

病気であろうと、健康であろうと、寿命が来ないと死なないということ。（病気と寿命は関係ありません。病気は、あなたにこれからの人生の過ごし方を教えようとしているメッセージなのです）

体はあなたのものではないということ。（心臓を動かしているのは、あなたではありません。毎日使っている腸や肺などは、ただ使っているだけです。あなたは、体という借り物の車を運転している運転手のようなものです）

あなたはあなたにしかなれないということ。（自分に合った生き方をしなければ、体は壊れていきま

す。トラクターを、無理に高速道路で走らせたら壊れてしまいます）

また、『病気にならない生き方』という本がありました。日米三十万人の胃腸を診てきた胃腸内視鏡外科の名医といわれた新谷弘実《しんやひろみ》氏が書かれた本です。「健康で長生きする方法」や「食生活と病気の関係」は、今までの常識を覆すような内容で、多くの人の心をとらえました。その新谷医師が、多くの研究と臨床などの結果、病気に対しての行き着いたとらえ方は次のようなものでした。

「この世をすべて包み込んでいる自然の摂理（これは神の意思といってもよいのですが）に反することをすると人間は病気になる」

このような医師の言葉を見れば、病気一つ取ってみても、ただ単に不幸として悲しむものではなく、前向きに人生の良い転機ととらえることがよいようです。

●「自己暗示」しながら陽転発想

しかし、「陽転発想」しようとしてもなかなかできない場合もあります。そのような時は、形から入る方法もあります。発想の自己暗示用語を用いるのです。例えば次の言葉を、夜寝るときに、ふとんの中で五回以上唱えてください。「これでよかった。ここから成長。ここから気づく。ありがとうございます」という言葉です。「心からそう思っていなくてもいい」のです。「形から入れば心は変わる」のです。夜寝る前は、潜在意識に言葉が届きやすい状態なので、特にお勧めです。

そのとき分からなくても、あとで振り返ってみると、「あの時は苦しかったけど、あの出来事があったから、今の自分があるんだ。あの出来事は私の成長と幸せのために必要なことだった。あれでよかったんだ」と思える時が必ず来ます。大きなマイナスを経験した人ほど、プラスになったときのパワーは大きくなるのです。人生に無駄なことはありません。そして、あなたに受け止められない苦労は決してやってきません。

具体的に解決したい問題や、こうなりたいという目標があるときは、自己暗示用語をつくって繰り返し唱えることがお勧めです。例えば、試験に合格したいという願いがあるとき、「試験に合格しますように」ではなく、「試験に合格。ヤッター！　ありがとうございます」。すでに実現している状態を暗示言葉にすることが大切です。ただし、合格への執着が強すぎると逆効果になる場合があります。「病気が治りますように」ではなく、「生き生き健康で暮らしています。ありがとうございます」「義母さんとの関係が良くなるように」ではなく、「義母さんと仲良くニコニコ。ありがとうございます」。言葉にして繰り返し唱えていると潜在意識の中にしっかりインプットされていきます。

●「良い波動」が幸せを呼ぶ

「良い波動のものは良いものを引きつける」と言います。第一章⑦人生を楽にする「楽観力」でも説明したように、量子物理学で「波動」という言葉がありますが、これは東洋思想・東洋医学でいう「気」であると考えることができます。物質や肉体だけでなく、私たち人間の感情も、言葉もイメージも、そして出来事にまで波動としての性質があります。そして、同質の波動は共鳴する性質があると考えられています。プラスの感情を持って、ニコニコと柔らかい波動を出して生活していれば、良い出来事、楽しいもの、プラスの感情を持った人たちを引き寄せます。また、周りの人までプラスの感情にしていくので、周りの人まで幸せにしていくことができます。イライラしているときの荒い波動を、笑顔で柔らかい波動にチェンジすると、プラスのほうに「巡り合わせが変わる」のです。「運気が良くなる」という言葉も、「波動＝気」が変わって運が良くなることを指しています。「人」と「人」はどんなに近い間柄であっても別個の体、別個の心を持っていて、そこには必ず「間」があるのです。お互いの「間」を埋めるためにはコミュニケーションが必要です。お互いの間に「愛」や「思いやり」が流れていることを伝え合うことで、関係は成立します。

人が使う言葉は現実化され、使う言葉によって運命は変わっていきます。言葉をプラスに変えれば、人生はプラスになる。言葉はあなたの思考や行動を規定します。あなたの人生は実に言葉によって、すべて決められています。今まで癖になっていた言葉遣いを意図的に変えることによって、癖になっていた思考パターン、行動パターンから脱することができるのです。「○○してほしい、○○をかなえてほしい」というイメージや言葉は、欲しいと思いながら手に入らない「欲しがっている状態の自分」を現実化してしまい、「手に入った」という状態を実現してはくれません。

そのためには、「足し算発想」というプラス思考になる発想法があります。「これだけしかない」という発想から「こんなにもある」という発想に変えていきます。プラス発想になると、とても運が良くなります。今の自分が持っているいいところに気づき、自分を肯定し、好きになるのが基本です。自分をプラスで表現できないことには、幸せはやってきません。「陽転発想」して、肯定的に、自分自身をプラスプランニングができるかどうかが重要です。

まとめ

・どんな状況でも、プラスの面に注目してとらえましょう。
・苦難や苦労も、チャンスや試練、訓練としてとらえ成長しましょう。
・良い波動は、良い出会いや出来事を呼び込みます。
・「陽転発想」で肯定的イメージを繰り返し意識しましょう。

実践しましょう

人間関係や仕事、健康、環境など生活の中で「陽転発想」して良かったことをあげてください。

1.（　　　　　　　　　　　　）
2.（　　　　　　　　　　　　）
3.（　　　　　　　　　　　　）

30 楽しい心に導く「ユーモア」

●ユーモアは「癒やし」のキーワード

人間関係の円滑さを高めるために有効なものとは何でしょうか。その一つに「ユーモア」があります。「ユーモア」が嫌だ、嫌いだという人はいないでしょう。何か楽しいこと、ユーモアを込めてしなさいと言われたら、苦手だという人もいるでしょうが、ユーモアを味わうことは、誰もが例外なく心地良く感じるものです。

会話や講演など、話を聞くにおいても、ユーモアを交えた話は興味深く、印象深く心に残るものです。笑った瞬間、人は心が解放されます。笑いながら心を閉ざすことはできません。「ユーモア、笑いは心を開くキーワード、癒やしのキーワード」になっています。家族においても、職場においても、学校においても、人間関係ではユーモアのある関係性は、心地良く肯定的な関係へと導くようになります。ユーモアは心にゆとりと安らぎを与えてくれるものです。

●「張り紙のユーモア　日常楽しむヒント」

先日、ある新聞の投稿欄に「張り紙のユーモア　日常楽しむヒント」という見出しが目に入りました。愛知県の五十代のある婦人の投稿でした。

先日、レストランでおもしろい張り紙を見ました。「虫のしつけが行き届かず、ご迷惑をおかけするかもしれませんが、お許しください」。店主のユーモアに思わずニヤリとしました。周りには田畑が広がり、虫がたくさんいそうですが、こう言われると、虫が出ても驚かなくてすみそうです。

旅館の露天風呂で、「虫たちもお風呂好きです。つかっていたら、タモですくってください」とのメッセージを見たことがあります。言い方一つで、腹立たしくも和やかにもなるものです。ユーモアで日常生活がもっと楽しくなるというヒントをもらいました。

このように、一つの物事に対しても、表現の仕方によっては、受け止め方やその感情に大きく影響を与えるものです。表現の仕方、とらえ方で大切なことは、「肯定的にとらえること」、「楽しく、ユーモアを持ってとらえること」ではないでしょうか。

●活気があふれる「ユーモアある人間関係」

家庭においても、職場においても、ユーモアがある人間関係は、円滑さと自由な雰囲気と活気があります。

「日本一長い朝礼の会社」といわれる会社があります。それは「沖縄教育出版」です。毎日の朝礼が四十分から一時間半、長い時には三時間に及ぶこともあるといいます。ものまねや寸劇も飛び出すなど笑いが絶えず、それによって社内にコミュニケーションや活力が生まれるし、お客様との信頼も強化されていくといいます。朝礼は聴覚障害者がいますから、まず手話の挨拶で始まります。

それからオリジナルのハッピー体操などでワイワイとはしゃぎながらウオーミングアップをして、各部署からの連絡や役立つこと、契約件数の発表、経営理念に関する社長の話などが続きます。ほかにも社員がお得意様から頂いたお電話、お手紙の中から感動的な内容を発表したり、家族や友達のエピソードを披露したりと、実にバラエティーに富んでいます。朝礼はとても自由度が高く、特別な形式のようなものはありません。離婚したパートさんが身の上話を披露され、それを皆で涙を流しながら聞くこともあります。そういう何を言っても受け入れてもらえる雰囲気があるから、社内に本当のコミュニケーションが生まれ、絆《きずな》も深まっていくようです。

この会社は、一人ひとりが絶対的であり、限りなく貴いものであるという人間尊重の精神からスタートしているようです。経営者は経営する主体者、社員は仕事をする主体者、お互いが主体者同士で対等な労使関係であるという意識から、従業員たちは社長を肩書で呼ぶのではなく「保夫さん」と名前で呼ぶそうです。

このように、朝礼の自由なユーモアあふれる雰囲気は、社内の人間関係や従業員のやる気・モチベーションを高めるとともにお客様との信頼関係にそのまま影響していきます。この会社の商品を購入されたお客様のリピート率が九五パーセントという高い数字を維持しているのも、朝礼によるところが大きいといいます。

この会社には年間目標もノルマもありません。お客様のために何ができるかというお役立ちの追求のみです。お客様のお役に立つことをやり続けることで、商品を買っていただき、それが結果的に売り上げや利益に結びつくという信念を持っています。自分がお役立ちできていると思えば、自然と社員のやる気は出てきます。

「ありがとう」がいっぱいある会社は元気です。お客様から「ありがとう」をたくさん頂き、同僚同士、「ありがとう」が飛び交うことで社内に活気が満ちてきます。いいことを考えるから、いい心構えができるし、それが行動になり習慣化していくのです。このように、一度出会ったお得意様をとことん大切にしていこうという姿勢があります。社員も常日頃から「最大の企業ではなく、最良の企業を目指そう」と呼びかけているようです。このような社長のユーモアあふれる人間性が現れた企業文化です。

●心弾ませるような発想

ユーモアあふれる経営者といえば、松下電器の創業者・松下幸之助氏もその一人ではないかと思います。あの松下電器も事業経営をしていく上で、もちろん大変な危機感を感じたときもあったでしょう。しかし根本には、大自然は生成発展していくものであり、その大自然の一部である人間のなすことも、必ずうまくいくようになっているはずだ、という考え方がありました。揺るぎない信念、いわば「大楽観」とも呼べる物の見方があったからこそ、いかなる物事も前向きにとらえることができたのでしょう。

生前、次のような出来事があったそうです。若い社員を連れて京都の料亭に行ったときのことです。松下氏は座敷へ入るなり同行者にこう言いました。「この料亭とこのあたりの土地は、実はわしのものなんや」。驚いている社員に、松下氏は「いや、そう考えたらおもしろいやろ。本当は全部自分のものやけど、本業が忙しくて、常に料理屋の主人でいるわけにはいかん。だからこの方々にお願いして、店と土地を任せてある。今日支払うお代も、それへのお礼の気持ちや。そう考えたら、お店の人への感謝の気持ちもより湧いてくるやろう」。松下氏はそのように、いつも自分の心を弾ませるような発想をする人でした。

さらに次のようなことも語られました。「自分にはユーモアなんかありません。陰気な男ですわ」。こうした独特のユーモアにあふれる発言は、いったいどこから生まれてくるものなのでしょうか。その一つに「素直な心」というものがあります。自分を飾らず、何にもとらわれない心があるから、他の人が見落としている物事の本質を突き、それが時にユーモアを含んだ言葉となっています。さらに、相手に喜んでもらいたいという強い「サービス精神」があるのでしょう。

●人間らしい人間になる

ユーモアといっても、様々な概念があると思いますが、その精神はやはり、飾らない姿勢や人に対する思いやり、愛情といった「人間性」から生まれてくるものではないでしょうか。ユーモアは英語で「humor（ヒューモア）」です。その語源は「ヒューマン（人間）」といいます。ただおかしいことを言って愉快にしていればユーモアがあると思いがちですが、そうではありません。本当に自分自身が人間らしくなれば、それ自体がユーモアなのではないでしょうか。

赤ちゃんは生まれたばかりなのに笑うでしょう。その笑顔を見て、お母さんもニコニコ笑う。何もおかしいことを言っているわけではないのに笑っている。人間の存在自体が引き出す「笑い」というものがあります。「笑うにはどうしたらいいか」「ユーモアのある人間になるにはどうしたらいいか」といえば、真に人間らしい人間になれ、ということではないでしょうか。

私は学生時代に、「人から笑われないように」と意識し過ぎて疲れた経験があります。そのような時、テレビで「ピエロの姿」を見て、はっとさせられたことがありました。このピエロは自分をさらけ出して、人から笑われながらも「皆の人気者」です。笑われないようにと自分を覆い隠すのではなく、笑われながらでも自分を自然体でさらけ出していくほうが、本当の信頼関係が築かれていくのかもしれません。このように、自然体で飾らずにユーモアのある個性を磨いていきたいものです。

まとめ

・身近なところにもユーモアを探す視点を持ちましょう。
・どんな時も肯定的にとらえ、楽しくユーモアを持ってとらえましょう。
・自由な雰囲気と楽しみのある人間関係をつくりましょう。
・素直な心とサービス精神を持ったユーモアのある人になりましょう。
・自然体で飾らずにユーモアのある個性を磨きましょう。

実践しましょう

相手にユーモアを込めて感情表現してみましょう。
①あなたは、本当に（　　　　　　）のように、（　　　　　　）が素晴らしいですね！
(例) あなたは、本当に（加山雄三）のように、（男前で歌が上手で）素晴らしいですね！
②あなたは、まるで（　　　　　　　　　　　　）のような存在ですね！
(例) あなたは、まるで（太陽のように暖かく、心地良い空気）のような存在ですね！

31 心を磨く「掃除力」

●心をスッキリ・サッパリさせる「掃除の効果」

コミュニケーションの円滑さを決定する要素の中に、環境の影響があります。身の回りの環境を改善することによって、心が変化したり、人間関係が改善されたりするものです。皆さん、部屋をきれいに掃除したときに、心までスッキリしたという経験はないでしょうか？　身の回りの不要なものを捨てると、サッパリとし、爽快感を感じた経験はないでしょうか？　誰もがあることでしょう。掃除することを通じて、心まで「スッキリ」するし、「サッパリ」するということです。逆に、環境が汚いと、心がごちゃごちゃと混乱しやすいものです。人間関係が複雑な人は、環境が汚くなりやすいという特徴があります。

皆さんの家庭や職場で、「あれ、どこにいったかな？　ここにおいたはずなんだけどな……」と言いながら「捜し物」をすることはありませんか？　一般的なサラリーマンは、仕事の中で一日当たり数分から数十分を捜し物に使うといいます。すると、一年間でいったいどれほどの時間をロスしていると思いますか？　何と、一年間でロスする時間は百五十時間といわれています。それは、おおよそ一か月間、会社で働く時間となります。「塵《ちり》も積もれば山となる」と言いますが、これほどまでに無駄な時間を過ごしているのです。仕事上の問題の第一位は、やはり「捜し物が見つからない」というものだそうです。

倒産した会社には、一つの共通点があると言われます。それは、会社内が「汚い」ことだそうです。また、不祥事を起こす会社にも共通の特徴があるそうです。それは、事務所内が「乱雑」だということです。乱雑な環境の中で仕事をしていると、とても仕事の効率が悪くなり、トラブルが続いたりしますが、環境をきれいにしていくうちに、改善されていくといいます。「ごみ、汚れ、乱雑さ」というものからは、マイナスエネルギーが発生していきます。同じエネルギーのものは引き寄せ合い、増幅し合うものです。乱雑な仕事環境のマイナスエネルギーが現象として表れる事柄として、「集中して仕事に取り組むことができない」ということです。つまり、エネルギーを分散させられてしまうということです。逆に言うと、「ごみ、汚れ、乱雑さ」を取り除くことによって、状況を改善することができるということを意味しています。

●企業の発展法則「5S」

一流企業の発展法則のなかに「5S」というものがあります。「5S」とは、「整理」「整頓」「清掃」「清潔」「躾《しつけ》」の徹底です。これが「会社成長の必須条件」といわれて、仕事をなす上での基本と考えられています。

まず、「整理」です。これは要るものと要らないものを分別することです。要らないものは捨てる。要るものは活かして使う。要らないものを抱え込んでいることは、人体に例えると「便秘」をしていることと同じです。要らないものを抱え込んでいたら、病気のもとになります。また、要るものは、当然捨ててはいけません。人体に例えると、要るものまで捨ててしまうことは、「下痢」をするようなものです。要るものは活かして下痢をしないことが、人体の健康を維持するための基本条件です。

次に、「整頓」です。整頓とは必要なものはいつでも誰でも取り出せ、常に使える状態にすることをいいます。整理・整頓を徹底すると、仕事の効率と能率が上がります。

次に、「清掃」です。清掃というのは、理論や理屈ではなく実践そのものです。清掃を行うことであり、続けることです。続けるコツは、道具をきちんと揃《そろ》えることや置き場所を決めること、さらには工夫しながら掃除をすることなどが挙げられます。清掃を徹底すると、仕事の質が上がります。

次に、「清潔」です。清潔というのは、整理・整頓・清掃がきちんとできた状態を維持していくことです。その上で、汚さない仕組み、乱れない仕組みにするなど、きれいさを維持することとなります。

最後に、「躾」です。整理・整頓・清掃を、正しく守れるように習慣化することです。指示・命令でやったり、当番でやったりするというのではなく、習慣として身につけることです。続けることが躾として定着すると、社風が良くなります。

このような「5S」を徹底すると、社内にはびこるあらゆる無駄が激減します。会社には多くの無駄があります。経費の無駄、時間の無駄、労力の無駄など、5Sを徹底すると、そのような無駄が見えてきますし、改善されます。

●「5S」の心への効果

ところで、皆さんの部屋はどうでしょうか？　きれいに片付いているでしょうか？　「あなたの部屋はあなたの心の表れである」と言うこともできます。このように、身の回りの環境は、私の心の表れですから、環境をきれいにすることは、心をきれいにすることにつながります。「整理」という「不要なものを捨てること」によって、自分に不要なものを「分別する力」がついてきます。「整頓」という「必要なもの整えること」によって、自分に必要なものへの「集中力」がついていきます。「清掃」という「掃除を実行すること」によって、「実践力・実行力」が身についてきます。「清潔」という「きれいにする創意工夫をすること」によって、「改善力・徹底する力」がついてきます。さらに、「躾」という「整理・整頓・清掃を習慣化すること」によって、「人格」として身についてきます。

このような5Sを徹底することによって、仕事のミスが減った、効率が良くなった、業績が上がった、人間関係が良くなった、という話は数多くあります。5Sはただ単なる「掃除」ではなく、人間づくりにもつながっているということです。

●「トイレ掃除」で人生が変わった

掃除を徹底して発展した会社で有名なのは、自動車部品販売会社の「イエローハット」です。鍵山《かぎやま》秀三郎社長が会社を創業して、五十年近い会社の歴史が掃除の歴史だったと言っても過言ではありません。七十五歳になった今でも、元日から会社周辺の掃除を行っています。毎朝六時三十分ごろには出社して、約一時間半、会社内外の掃除をしています。この会社のトイレ掃除が起点となって、「掃除に学ぶ会」というものができ、全国に広がったという経緯があります。社長がトイレ掃除のために訪れた学校は六百校余り。社長には掃除に関する講演依頼も殺到するようになり、講演回数は多いときで一か月当たり十七〜十八回に及び、昨年だけでも百三十回を超えたといいます。売上至上主義に暴走することなく、奉仕精神で発展して、現在、イエローハットの数は国内外に五百店舗ほどになっています。

永年掃除に取り組み続けたことで、もっとも顕著な変化を自覚できたのは「社風が良くなったこと」だといいます。掃除は、共同作業で行います。自分たちの職場を、共同作業できれいに掃除することによって、自然と連帯感や協調性が育まれます。その結果、社内の人間関係が良くなり、社風が良くなるのでしょう。

また、お店をきれいにすると「客層が変わる」という現象があるようです。営業でも、掃除が行き届くようになると、接客マナーも格段に向上するし、お客様からのクレームも激減したり、きれいなお店には、いいお客様が来店してくださるようになり、客層まで様変わりします。

さらに、車をきれいにすると「事故が激減する」といいます。汚れた車に乗っていると自然に気持ちも粗暴になり、運転も雑になるという人間の心理があります。そういう心理状態が、結果として事故につながるということです。だとするならば、車をいつもきれいにしておけば、気持ちも運転も穏やかになるのではないでしょうか。

先輩社員が後輩社員の車を洗うのも日常茶飯事です。このように、お互いがお互いの車を洗うようになって、社内には自然と、協調性が芽生えてきました。同時に、社員同士の連帯意識も高まり、風通しの良い人間関係が育まれるようになりました。その結果、不思議と車のこすり傷や事故が激減したというのです。

●人生の方程式「非凡＝平凡×徹底」

このような「掃除」は、社員に対しても、お客様に対しても「感動」を提供する小さな親切ではないでしょうか。この社長は、「感動なき組織は衰退する」と言いながら、感動を提供しようという意欲の強い方です。この会社の経営理念とも呼ぶべきマインドは、「もっと感動、もっと幸せ」です。そんな思いから、一九八三年に映画「てんびんの詩」を、社長が全額出資して作成しました。商いの原点を世に問いたい一心で制作しましたが、このドラマこそ、弱小の小売店やメーカーの人々に、大きな勇気と感動を与えました。感動することの少ない世の中で、せめて「少しでも多くの人に感動を共有してもらいたい」と願って制作したといいます。

この社長は「人生の公式」を次のように表現しています。「非凡＝平凡×徹底」である。さらには、「超非凡＝平凡×徹底×継続」であるといいます。「掃除」という当たり前のことですが、徹底すること、継続することで、素晴らしい才能となり、力となるのではないでしょうか。身近な当たり前のことを継続すること、徹底することで、人間関係をはじめ人生すべてが好転するきっかけになることでしょう。

まとめ

- 「掃除」を生活の中で徹底しましょう。
- 「5S」を通して、分別力、集中力、実践力、改善力を高め、人格化できるように努力しましょう。
- 「掃除」を通して自分の心磨きをしましょう。
- 「平凡」なことを徹底して継続する人になりましょう。

実践しましょう

自分の部屋、家を徹底的に掃除してみましょう。5Sを家庭でも、職場でも実践してください。

32 無限の可能性を伸ばす「脳力」

●「幸せの視点」と「不幸の視点」

人生において、「悩み多き人」と「幸せ多き人」の違いは何でしょうか? 日頃意識している視点が違います。「悩み多き人」は、意識が「悩み」に集中しています。一方、「幸せ多き人」は、日頃意識しているのは「幸せ」です。悩みに意識が行けば、当然悩みを考え、思い、煩う時間が長いのです。「どうしてこうなんだろうか?」「どうしようか?」「何が問題だったのだろうか?」と不幸と課題と過去に意識が集中します。日頃から「幸せ」を意識したら、「どうしたらもっと幸せになれるか?」「もっと楽しいことはないかな?」「どのようにしたら目標を果たせるか?」という意識を持ちます。まさに、「幸せ」「最善」「未来」に集中しています。

実は、不幸だから悩むのではなく、視点が不幸に向いているのです。幸せな人は、現実が幸せだから前向きになれるのではなく、視点が幸せに向いているといえます。私たちは「悩みを解決したら幸せになれる！」という錯覚をしています。悩みを解決するという意識の人は、一つの悩みを解決すると、「次はどの悩みを解決しようか？」と、無意識に悩みを探します。

大切なことは、悩み解決ではなく、未来を見つめることです。前向きな人とは、意識が未来に向いている特徴があります。ですから、「何をしたいか」を見つけて、それを実現し幸せになることにエネルギーを集中することが大切です。

意外にも、不幸な人は何をしたいのか明確になっていません。足元しか見えませんから、すべてを現状から判断してしまいます。病院に入院している人で、早く治るタイプは、退院したらやりたいことが明確になっている人です。しかし、なかなか病気が治らない人は、退院したい気持ちを持っていても、退院したら何をしたいという明確な願いを持っていません。大切なことは、何をしたいのか明確にすることです。

●「良い目標」の探し方

さて、あなたは何をしたいですか？　「やりたいこと」「なりたい姿」「実現したいこと」は何でしょうか？　これらを明確にすることは、自分のことですから簡単なように感じます。しかし、案外これが難しいのです。幸せになれない多くの人は、この「やりたいこと」を明確にできずに、不幸になっている人です。では、なぜ難しいのでしょうか？　各人には、その人に合った目標があるものです。その人に合った「良い目標」を持った人は、実現に向かって着実に前進していくことでしょう。しかし、その人に合わない「悪い目標」を持つと、障害が生じ、挫折しやすくなります。それを明確に判断しなければいけません。

良い目標を設定する上で、最も大切なことは、自分が「やりたいこと」を見いだすことです。しかし、大抵の人は、自分がやりたいことを勘違いしているものです。つまり、やりたくないにもかかわらず、やりたいと思い込んでいるのです。本当はやりたくないのに、世間体や人の目が気になってやろうとしたり、家族からの期待、友人、知人の常識に邪魔されたりして、本当にやりたいことが見えなくなる場合が多いものです。やりたいとは思っていないのに、「ねばならない」という意識が影響するのです。まさに、「やりたいこと」の中には、「やりたくないこと」が含まれる場合があるということです。

●「やりたくないこと」と「やりたいこと」の明確化

では、どうしたらよいかというと、まずは、やりたくないことを明確化しなければなりません。やりたくないことを書き出すことです。多くの成功の法則の本や講演では、「やりたいことを明確にしなさい」というアプローチをとります。ところが、それを見つけ切れていない人が多いのです。そこで、振り子の揺れの両極を意識するように、まずやりたくないことを書き出すならば、本当にやりたいことが分かってきます。「やりたいことを見つけたいなら、やりたいことを見つけようとするのではなく、やりたくないことを見つけなさい！」ということです。それは、あなたの潜在的に思っている願望を引き出してくれるのです。「やりたくないこと」を明確にしてから、今度は「やりたいこと」を書き出すならば、的をついた目標を描くことができるでしょう。

例えば、夢や目標というと、社長になりたい、大金持ちになりたい、などと考える場合が多いでしょう。社長になった場合は、人に接する機会も多くなり、仕事時間も多くなる可能性があります。しかし、その人の本音は「楽をしたい」「人と接するのは嫌」という気持ちがあり、精神的ストレスが増える可能性があります。また、社長になれば、交際も広くなり勤務時間が長くなったり、出張や海外滞在も増えたりする可能性もあります。しかし、その人の本音は、家族と接する時間が好きだし、子供と遊びたいという気持ちが強いので、家族とのすれ違いから家族関係のトラブルになったりする場合もあります。

このように、楽をしたいのに、忙しい人生を目指したり、家族と一緒にいたいのに、出張の多い人生を目指したりする場合があります。その場合、「やりたくないこと」「なりたくないこと」を明確にするならば、的をついた人生の目標を描くことができるでしょう。

●目標を「紙に書く」

さて、やりたいことが明確になったら、それをどのように実現するかが重要です。目標・願いをかなえる方法、夢を実現させていく方法は何でしょうか？ 仕事においても、人生においても、目標を実現する人の習慣には特徴があります。経営コンサルティングと経営者教育を展開する神田昌典氏は、日本で最も多くの企業を育成する人です。その数は四千社を超えます。この方が明確に次のように説明しています。それは何かと言うと、「目標を紙に書く」ということです。あまりにも単純で信じられないかと思いますが、「目標を紙に書くと実現する」ということです。成功している人は、みな同じことをやっています。成功するか、しないかというのは、自分の夢・願望・目標を紙に書くか書かないか、それが運命の分かれ道ともいいます。自分の目標を紙に書いておくと、潜在意識に入力され、忘れた頃に実現しているという現象が起こってきます。

誰もが「幸せになりたい！」と願っていますが、「どのような状態？」と言われると曖昧な場合が多いのです。なんとなく「良くなりたい」では駄目です。明確な言葉になっているかが重要です。漠然としていては実現しません。明確化の表現が「書く」ということです。

カーナビゲーションも、「行き先」の住所や名称を明確に入力すると、自動的に案内してくれます。何度、道を間違っても、再検索して再び案内します。人間の場合はナビゲーション以上の機能が備わっています。何度失敗しても、明確に入力していれば、必ず実現するまで導こうとします。

この入力することが、紙に書くという行動です。人間は、自分自身に質問すると、高精度なアンテナを張って、必要な情報を収集し始めます。過去の経験、現在、目の前で起こっている状況すべてから、答えを探索し始めます。質問したとたんに、標的を追い求める赤外線誘導装置つきミサイルのように、答えを追い続けるわけです。意識していると、偶然の巡り合わせのように不思議なことが起こります。

●無限の可能性を持つ「脳」

このように、人間にはすごい能力がありますが、目的意識を持って質問しないと、せっかくの能力も機能してくれません。目の前にある情報にすら気づきません。例えば、洗濯機が壊れてしまったとき、それを意識しながら新聞を見ていると、「洗濯機の最新機種が限定5台で安くなっている」というチラシを発見するわけです。このように、「洗濯機が欲しい」という要求を出さないと、情報が目の前にあっても見えません。

コンピュータで例えてみましょう。

インターネット上の情報を、画面に引っ張り出すためには、「検索エンジン」を活用します。検索エンジンに質問もしくはキーワードを入れれば、それに関連する情報を見つけてくれます。それと同じ役割を脳が果たしていると考えることもできます。脳は、いったん質問を作っておけば、二十四時間休むことなく、答えを探しているのかもしれません。忘れていると思っても、作業し続けるのです。だから逆に言えば、適切な質問をした場合、適切な答えが出ないことは不可能なわけです。実現したいことを目標として紙に書き、潜在意識にインプットしておけば、その実現に必要な情報が、いつか必ず与えられるはずです。

脳は、いくつもの作業を同時並行で処理していきます。つまり質問を百すれば、百の検索エンジンが同時に動き出している可能性があります。アメリカ人の大成功者の中には、六千個の目標を持っている人さえいます。「高級車を買う」「高額納税者になる」「好きな芸能人と食事をする」などいくつでも、どんな内容でもいいのです。

このように、「紙に書かれた目標を眺める」という習慣を持つことが大切です。これが凡人と成功者との大きな違いを生むのです。目標を意識すると、目標を達成するためにはどうしたらいいいか、という質問を心の中ですることになります。

「この目標に一歩でも近づくためには、いま、この瞬間に何をすればいいかな」「この目標を実現するためには、いったい、何が必要だろう？」。別に答えを探そうと努力しなくてもいいのです。ただ質問してあげるだけでいいのです。すると、目標の実現をサポートするような出来事が起こってくるはずです。

まとめ

- 「幸せ」「最善」「未来」に集中した幸せ多き人になりましょう。
- 「やりたいこと」を明確にし、的をついた人生の目標を描きましょう。
- 目標・願い・夢を実現するために紙に書いてみましょう。
- 紙に書かれた目標を眺める習慣をつくりましょう。
- 自分に質問して、脳の「無限の可能性」に期待しましょう。

実践しましょう

「やりたいくないこと」を明確にしましょう。その土台で、「やりたいこと」を明確にしましょう。

○〈ステップ1〉「やりたくないこと」の明確化

○〈ステップ2〉「やりたいこと」の明確化

33 非凡な力を生み出す「繰り返しの力」

●「繰り返し言葉」で人生が左右

目標、夢を明確化することは重要ですが、それを実現させるためには、さらに必要な要素があります。それは、「繰り返す」ことです。

人は「繰り返しの言葉」に強く影響を受けるものです。同じ言葉を単調に繰り返すと、軽い催眠状態になって暗示をかけられたような状態になります。その結果、繰り返された言葉を信じ、それに基づいて行動するようになります。ノーベル賞を受賞した神経生物学者のジェラルド・エデルマン博士によれば、記憶は脳の一部に貯蔵されているのではなく、思い出す瞬間に、毎回、再構築されるといいます。さらに、記憶の経路は、繰り返されることによって太くなります。自分で口に出して言ったり、何人もの相手から「そうですよね」とうなずかれたりすると、フィードバックされて経路が補強されます。その結果、記憶の再構築が簡単にできるようになるのです。

例えば、「不況！　不況！」と繰り返す人と一緒にいると、現在は不況なんだ、という記憶経路が急速に太くなります。すると、ちょっとした情報でも、不況という記憶経路を通ることになって、その度ごとに不況だという現実が再構築されます。その結果、何でもかんでも、不況のせいにするわけです。このように、繰り返される言葉、自分で発する言葉、そして他人が同調する言葉で現実が構築されるのです。

●目標設定は「現在形」

このような繰り返すことの影響を、うまく利用することもできます。例えば、自分に都合のいい言葉を繰り返すということです。その言葉は人生をその言葉どおりに導いてくれることでしょう。目標を実現するためには、目標内容を紙に書くことが有効ですが、さらに大切なのが「繰り返す」ことです。

具体的には、目標を、毎晩、手帳に十回ほど書き出したり、繰り返し読んだり、繰り返し眺めたりするのです。このようにすれば、目標は深く心に刻まれ、実現する可能性は高まり、実現するまでの期間も短縮されていきます。

また、目標を設定するときは「私は○○をする」「私は○○になる」「私は○○ができる」という現在形の表現が良いようです。「私は○○したい」「私は○○になりたい」という言葉は、「したいけどできない現実」「なりたいけどなれない現実」をイメージしますから、あまり良くありません。ですから、現在形の表現こそ「肯定的な表現」となります。繰り返しの言葉と共に、それが実現した場面を思い浮かべる「視覚化」があればさらに効果的です。肯定的な表現で、幸せ実現の姿を想像するわけですから、ワクワクするような心を導き出すことができます。

●繰り返し

この観点からすると、記憶のコツも同じく「繰り返し」です。何かを覚えるときには、声を出したり、紙に書いたりするのがいいといいます。

語学習得の天才と呼ばれる人で、古代遺跡の発掘家として有名なシュリーマンという方がいました。シュリーマンは、遺跡の発掘に不可欠な外国語を習得するために、当時の教育に疑問を持ち、自ら信じる方法により十数か国もの言葉を古典レベルに至るまで習得しました。最初に取り組んだ外国語は英語で、決して初めから人並み外れていたのではなく、初段階ではごく普通の人のレベルから学習をスタートさせていたようです。しかし、数か月後、その記憶力や習得力は桁外れなレベルまで向上したようです。最終的には、一か国語を習得するのに六週間以上かからなかったと言っています。

いったいどんな方法で、そんなことができたのでしょう。実は、シュリーマンは学習の大半を「音読」に充てていました。声を出してひたすら外国語の本を読んだのです。しかし、音読といっても、まず意味も解からずに読み続けるのです。音読の経験は誰しもあると思いますが、意味も解からない言葉や文字をひたすら読み続けたことがある人は少ないと思います。実は、この「意味も解からずに」ひたすら音読をし続けることにこそ、成功の秘訣があるようです。

語学学習法には、このような「音読」とともに、「筆写」というものがあります。この二つを「只管《しかん》朗読」「只管筆写」と言います。「只管朗読」とは、ひたすら文章の音読を繰り返す学習法で、「只管筆写」とは、それを繰り返し書き写すことです。「只管」は「わき目も振らず一生懸命に」という意味です。

●超一流は「繰り返しの達人」

曹洞宗の開祖「道元禅師」は、座禅を通じて悟りを得たといいます。それをひと言で言うと「只管打坐《たざ》」となります。すなわち「ひたすら打ち座ることが、それでもう悟りの姿なのだ」と説かれたのです。

真言密教の空海は、「虚空蔵求聞持法《ぐもんじ》」という超記憶力開眼法というものを説きました。空海は、これによって見事に超人的な能力を得たといわれています。求聞持とはまさに記憶のことです。これは密教の真言を一日一万遍、百日間唱え続けるというものです。真言を心を鎮め、大きく息を吸い込み一息で何度も暗誦《あんしょう》します。そして、また息を吸い込み一息で……。これを繰り返すのです。これは立派な呼吸法であり、脳波もリラックス状態になっていくのです。空海も「真言は人間には計り知れず理解には及ばない、故に密教である」と言われたらしいのですが、やはりここでも「意味は解《わか》らず」なのです。

また、繰り返しの大切さは、スポーツの世界でも同じです。野球の基本は「素振り」の繰り返しです。剣道の基本も「素振り」です。野球の素振りは重要だと分かっていてもおもしろいものではありません。無償の行為のような素振りを繰り返したことで、イチロー選手は大成しました。野球の松井秀喜選手は、小学三年生の頃に父が半紙に「努力できるのが才能である」という言葉を毛筆で書いて渡してくれたそうです。これを眺めながら、努力する繰り返しのなかで大成しました。このように、繰り返すことができるのが、何よりも貴い能力です。単純なようですが、基本を徹底的に繰り返すことできた人が「超一流」になったということです。繰り返すならば、心と体のバランスを取り戻し、心と体の能力を伸ばすことでしょう。身近なことから、繰り返し実践しましょう。

まとめ

- 目標・夢を繰り返し語り、繰り返し書きましょう。
- 環境に振り回されるのではなく、自分の言葉で人生をコントロールしましょう。
- 目標設定は、現在形で肯定的な表現にしましょう。
- 朝晩、書かれた目標を見ながら、実現化されたことをイメージ化しましょう。
- 繰り返すことができる能力を身につけましょう。

実践しましょう

実現したい目標を繰り返し言葉にしましょう。その言葉を、朝晩繰り返し言ったり書いたりしてください。

34 幸運を招く「敬天精神」

●何があったら「幸福」？

私たちは日々様々な努力をして生活していますが、何を目指して生活しているのでしょうか。それは一言で言えば、「幸せ」を目指していると言うことができます。当然、「不幸を目指して努力しています」という人はいないでしょう。では、何があったら幸せでしょうか？　健康第一という言葉があるように、やはり、「健康」は幸せの要素となります。病気で毎日苦しんでいる人が、幸せと感じることは大変なことです。さらに、毎日仕事をする目的は生活の糧であるお金を得るためです。健康とともに誰もが求めている「お金」「財産」は、幸せの要素となります。また、健康でお金があるといっても、人間関係が悪ければ気分良く過ごすことができません。親子の関係、夫婦の関係、家族の関係、友人関係などで、愛情が豊かに実っていることは大切です。このように、「愛情」も大切な要素になります。このように、幸福には「健康」「財産」「愛情」という三つの要素があるということです。

では、この三つの要素が実るかどうかを決定する要因には、何があるでしょうか？　人によっては、一生懸命努力しているのに実らない人もいますし、あまり努力していなくても豊かに実っている人もいます。その違いは何でしょうか……。

●幸福を決定する「心の持ち方、考え方」

幸福を決定する要素には、三つの側面があります。

一つは「内的要因」です。心の持ち方、考え方、とらえ方、発想の仕方ということです。「現実」というものは、「事実」＋「見つめ方」で決定します。「雨が降っている」という一つの事実を見ても、「何だ、雨か！」と見つめる人もいますし、「やっと、雨が降った！」と見つめる人もいるでしょう。事実は一つですが、見つめ方は二つあります。病気や苦難や逆境であっても、「不幸」と見つめる人もいれば、「試練・訓練」と見つめて、「もっと大きな幸せのための準備」ととらえる人もいます。また、人間関係も心の持ち方で、大きく左右されます。

このように、現実とは事実とイコールではなく、心の要素である「見つめ方」「とらえ方」で決定します。何よりも、目先の現象だけにとらわれるのではなく、「感謝の心」を持って見つめる姿勢が大切です。

●幸福を決定する「行動、習慣、環境」

二つ目は「外的要因」です。その人の行動や習慣、その人を取り巻く「環境」が、幸不幸を左右するということです。心で良いことを考えても、そのごとく行動しなければ、幸せは築けません。心で良いことを思っても、環境が良くなかったら、それも実りません。いくら良い種でも砂利混じりの土の上では、しっかりと根を張ることはできません。このように、外的な要因が大切です。

特に、思いは表現しなければ、相手には伝わりません。相手に伝わるように愛を表すことです。愛を表面化させる表現力が大切になります。思いを言葉に表す「言葉力」、思いを態度で表す「態度の力」、さらに思いを文字で伝える「文章力」などがあります。このように愛情の思いを「言葉」「態度」「文章」で表す表現力が必要です。

●幸福を決定する「霊的力」

さらに、もう一つあります。内外共にいくら努力しても実らない場合と、実る場合がありま す。その違いは何でしょうか？　これは「霊的要因」によって左右されるものです。目に見え ない霊界の作用、先祖の影響などです。宗教や哲学だけではなく、広く昔から言われてきたこ とです。自分の心と体だけではなく、霊的に動かされたりするものです。まるで、道路につい た轍《わだち》に沿って走ってしまう車のように、先人の轍《てつ》を踏んでしまうものです。

心理学の発展歴史を見ても同じです。心理学の心理分析の三側面があります。初めに心の深層心理まで分析しようとする「精神分析療法」を中心として発展しました。「深層心理」や「無意識」という言葉で心を表現しようとしました。のちに、具体的な行動に注目した「行動療法」が現れました。日常の行動や習慣から心を分析するという観点です。さらには、霊的な世界の影響を否定できず、心理学者たちが坐禅や霊的修業を行いながら、その世界を分析した「トランスパーソナル心理学」が広がっていきました。心が感情を超越した「霊性」について研究した分野です。霊的な影響による意識を、「変性意識」と表現しました。

簡単に表現すれば、作物を育てるにおいても、まず心の要素として、「一生懸命に真面目に取り組む姿勢」が必要であり、外的要素として、「良い種を選び、良い場所を探し、適当な時に植えること」が大切です。しかし、それだけでは成長しません。天からの恩恵が必要です。

それは太陽の光であり、適度の雨です。それらが生命の糧となります。このように、内的要素と外的要素と共に、天から頂く恩恵が必要です。まさに神様の加護であり、天運が大切となります。

●「天理・天道」に基づく生き方

京セラの稲盛和夫名誉会長は、経営人生の中で多くの悟りを開かれた人のようです。現代の松下幸之助となって、経営者の鑑となり活躍する人です。この方が次のように語られています。
「サムシング・グレートとか全知全能の神という概念を置き、それは『ある』としなければ、宇宙そのものの説明さえできないのです」。「創造主は最初の意思を与えてくれた。最初の意志とは『全てのものを幸せな方向に進化・発展させる』という意思です」（『稲盛和夫の哲学』より）
このように、「創造主、神様の意志」や「宇宙の摂理・宇宙の意思にかなった生き方」が大切と強調しています。
宗教、哲学、さらには各界の指導者は一様に、「天理、天道に基づく生き方が大切だ」と強調していいます。では、その天理、天道に基づく生き方を知るポイントは何でしょうか？ それは「死後の世界・霊界の法則」です。霊界を知ることで天運を招くポイントを知ることができます。心掛けという内的条件も、行動や環境という外的条件も、最終的には天運という霊的条件があるか、ないかが大変重要なこととなります。

このように、霊界を知って人生を歩むのと、知らないで歩むのとでは大きな違いが出てきます。死んでからどうなるのか、死後の世界はどのようになっているのか、死んだ人と生きている人との関係はどうなっているのかなど、今まで考えても分からずにいましたが、最近このことが明確に分かる時代になりました。死んだと思われる人が帰ってくる「臨死体験」という現象や、「霊界からのメッセージ」が様々に送られていたりすることもあり、今の時代は霊界を明確に知って、その法則に合った生き方をすることが大切な時代といえます。

このようにして、幸福になるための解決の道、努力の道も三つあります。心の側面からの努力、外的側面からの努力、さらには霊的側面からの努力です。問題は三つ目の霊的側面からの努力です。分からない人が多いからです。しっかり知って的をついた努力をすれば、解決の道は必ずあるということです。

●「血筋・血統の法則」が人生を決定する

では、幸不幸を決定する三つの要因は、何によってつくられるのでしょうか。内的要因である心の持ち方という「気質」、外的要因である身体や行動などの「体質」は、当然、「親・先祖の影響」が大きく影響します。では、霊的要因である霊的背景は、何の影響があるのでしょうか。これも、同じように「親・先祖の影響」です。先祖といっても、善い人もいれば悪い人もいます。その人たちと生きた私たちとは密接な関係があり、人間の幸不幸は先祖の幸不幸と密接に関わっています。このような見えない人たちとどのようにつき合っていくか。どのように見えない人たちと向き合っていくか。このようなこともまた明らかになっているのです。供養においても、どのようになすことが、本当の供養になるのか、など明確に知る必要があります。先祖は血統、血筋をたどって働いてくる、影響するのです。「血統の法則」を知ることが大切です。より良い血統にする秘訣もあります。

結局は霊界の天国に行くためには、どのような生活をしなくてはいけないのか、このようなことが事細かに解き明かされています。今まで考えもしなかった霊界という世界、このようなことを詳しく知ることによって、今を生きる皆様の人生がより充実したものとなり、この世でも幸せをつかみ、あの世でも豊かな生活をする道しるべとなることは間違いありません。

今後、さらに「霊界セミナー」や「幸せの原理セミナー」を学ばれて、より豊かなこの世とあの世の幸せをつかまれることを望むものです。目に見えない「霊界の存在」、創造主である神様を敬う「敬天精神」、さらには「天理・天道に沿った生き方」などを知り、天運に満ちた恩恵あふれる「幸福な人生」を築いてください。

今まで学んできたコミュニケーションとは、目に見える人と人との関係だけではありません。先祖との関係、神様との関係も良きコミュニケーションを結べることが、子々孫々にわたる永遠なる幸福の基になることでしょう。「天を敬う心情」「天を愛する心情」を持っていきましょう。

まとめ

- 幸福に導く心、「感謝の心」を持ちましょう。
- 幸福に導く行動、「愛情の表現」を心掛けましょう。
- 「目に見えない存在」「先祖の影響」「霊界の存在」を大切にしましょう。
- 「敬天精神」「愛天精神」を持ちましょう。

実践しましょう

霊的な力を感じた体験があるでしょうか。また、神様の守り、導きを感じた体験があるでしょうか。思い出してみましょう。

〈参考文献〉

『原理講論』（世界平和統一家庭連合　光言社）
『採用の超プロが教える「伸ばす社長、つぶす社長」』（安田佳生　サンマーク出版）
『呼吸を変えれば元気で長生き』（打越暁　新書y）
『不動心』（松井秀喜　新潮新書）
『感動力』（平野秀典　サンマーク文庫）
「頭が良くなる生き方」（佐藤富雄　East Press Business）
『笑顔の魔法』（野坂礼子　青春出版社）
『発声力―「ボイストレーニング」であなたの人生が変わる！』（亀渕友香・松永敦　ＰＨＰ文庫）
『「らくらく瞑想」で夢はかなう』（無能唱元　サンマーク文庫）
『仕事の作法』（鍵山秀三郎　ＰＨＰ研究所）
『1分で大切なことを伝える技術』（斎藤孝　ＰＨＰ新書）
『あらゆることが好転していくご挨拶の法則』（林田正光　あさ出版）
『100パーセント幸せな1パーセントの人々』（小林正観　中経出版）
『幸せの基本』（船井幸雄　ベスト新書）

『いい言葉は人生を変える』（佐藤富雄　ベスト新書）
『心が楽になるホ・オポノポノ』（イハレアカラ・ヒューレン、丸山あかね　イースト・プレス）
『非常識な成功法則』（神田昌典　フォレスト出版）
月刊『致知』（致知出版社）
『快癒力』（篠原佳年　サンマーク出版社）
『病気にならない生き方』（新谷弘実　サンマーク出版）
『No.１理論』（西田文郎　知的生き方文庫）
『コーチングセンスが身につくスキル』（岸英光　あさ出版）
『部下を伸ばすコーチング』（榎本英剛　ＰＨＰ研究所）
『会社の品格』（小笹芳央　幻冬舎新書）
『ほめる言葉ほめるワザ』（神谷一博　日本実業出版社）
『「傾聴」話し上手は聴き上手』（鈴木絹英　日本文芸社）

〈プロフィール〉

阿部美樹（あべ みき）

1964年、山形県生まれ。

韓国・鮮文大学にて海外宣教学・牧会相談学を学び、世界平和統一家庭連合において家庭教育関連講師を歴任する。

20代の頃、心の病や家庭問題の影響の大きさを実感し、心理学を学ぶ。日本プロカウンセリング協会認定カウンセラー。幸せな真の家庭づくりを目指し、全国各地で講演、カウンセリング、コーチング活動を展開している。

著書に、『幸せづくりの秘訣 三つのキーワード』『きょうからできる愛天愛人愛国の生活』（共に光言社）がある。「DVD神主義講座」「幸せになるためのコミュニケーション講座」「人生相談Q＆A」（いずれも光言社KMS）など400本以上の動画も配信している。

豊かな人生コミュニケーション講座
幸福度アップ！ 4つの能力

2011年4月1日　初版発行
2021年5月20日　第6刷発行

著　者　阿部美樹
発　行　株式会社 光言社
〒150-0042 東京都渋谷区宇田川町37-18
電話　03（3467）3105
https://www.kogensha.jp

印　刷　株式会社 日本ハイコム

ISBN978-4-87656-162-9